AF348927

libro da colorare
per adulti relax

MEDITAZIONE *con i* MANDALA

Coloring Bandit

Pubblicato da Speedy Publishing Canada Limited

COLORING BANDIT

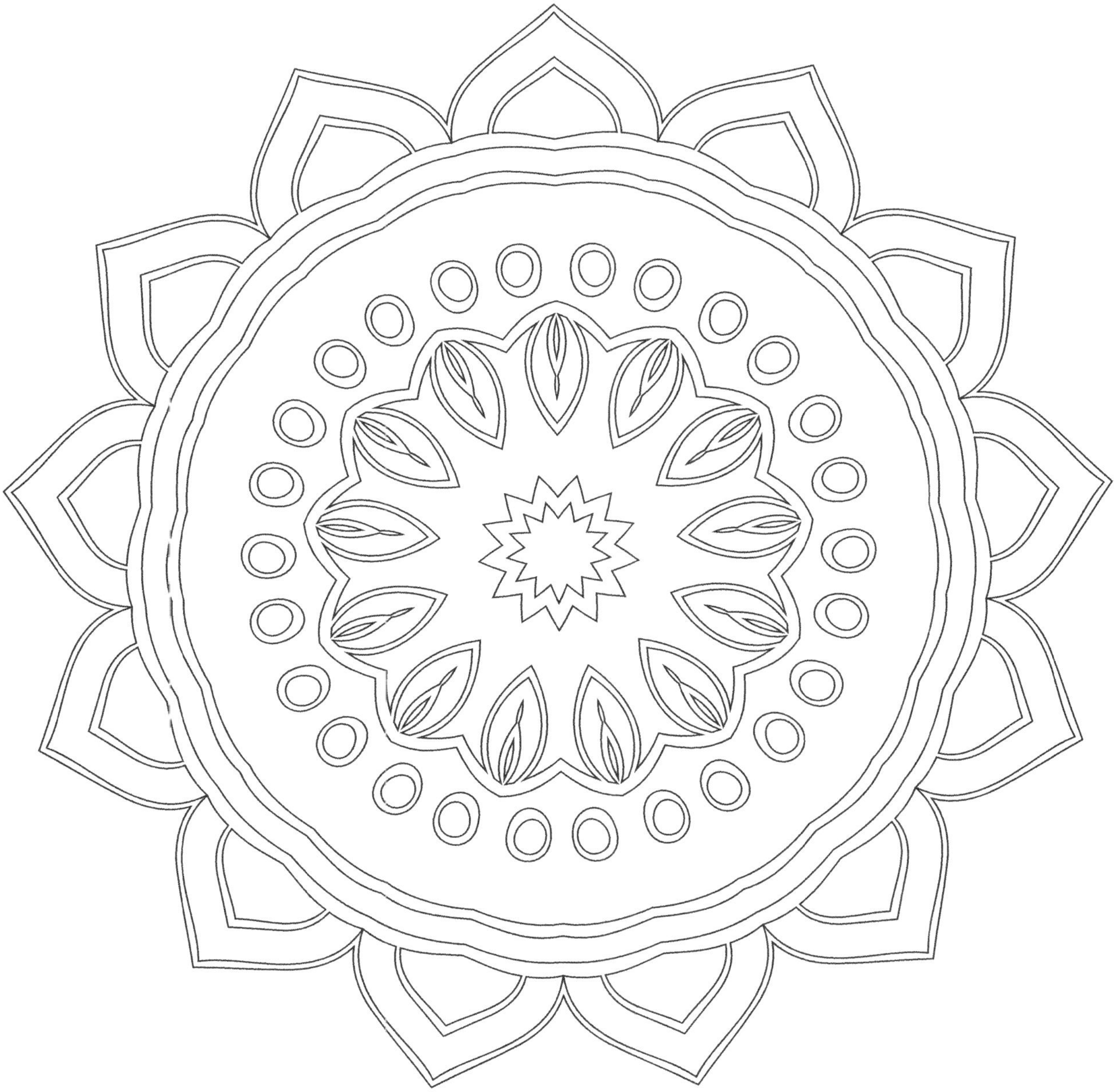

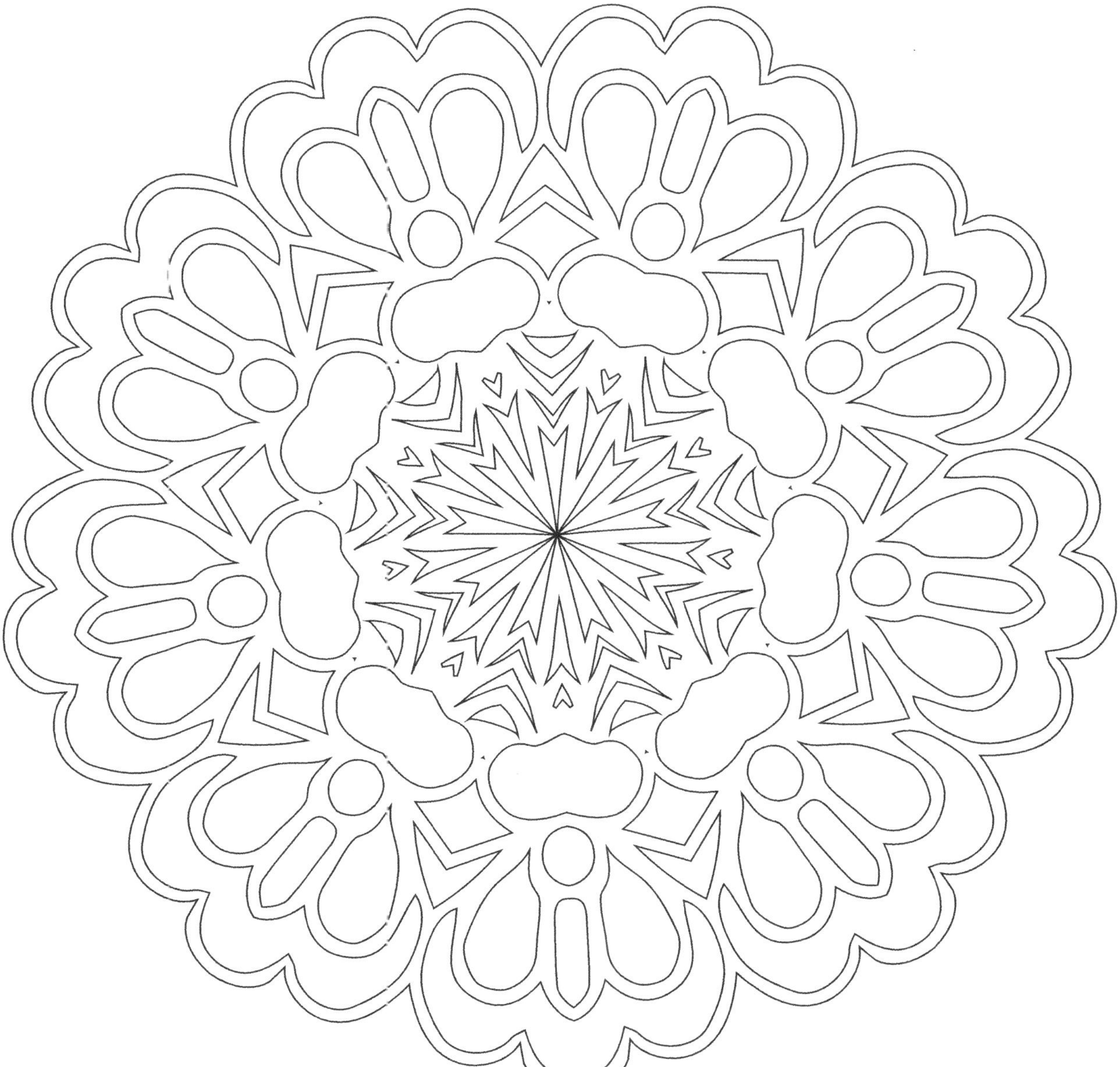

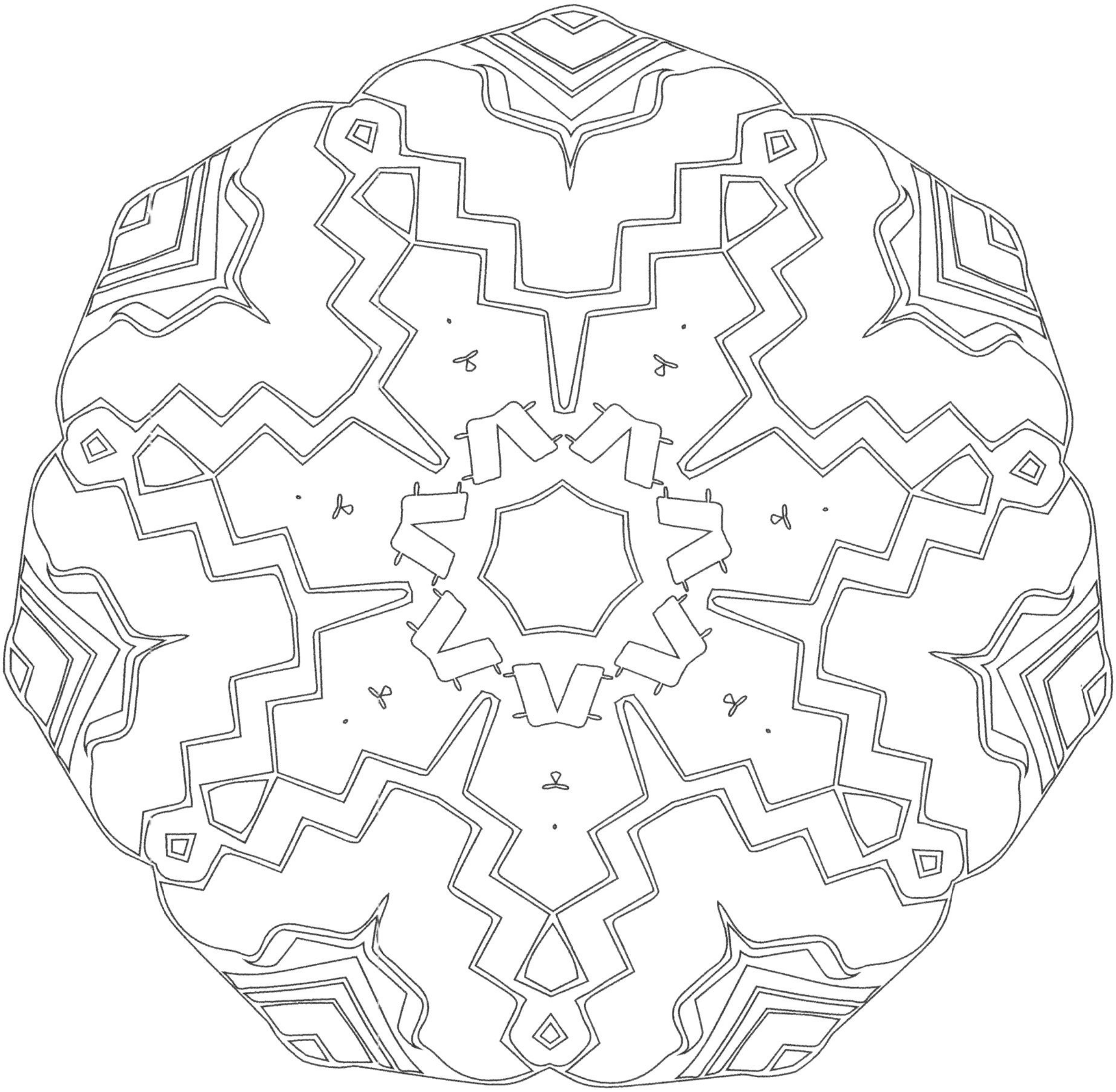

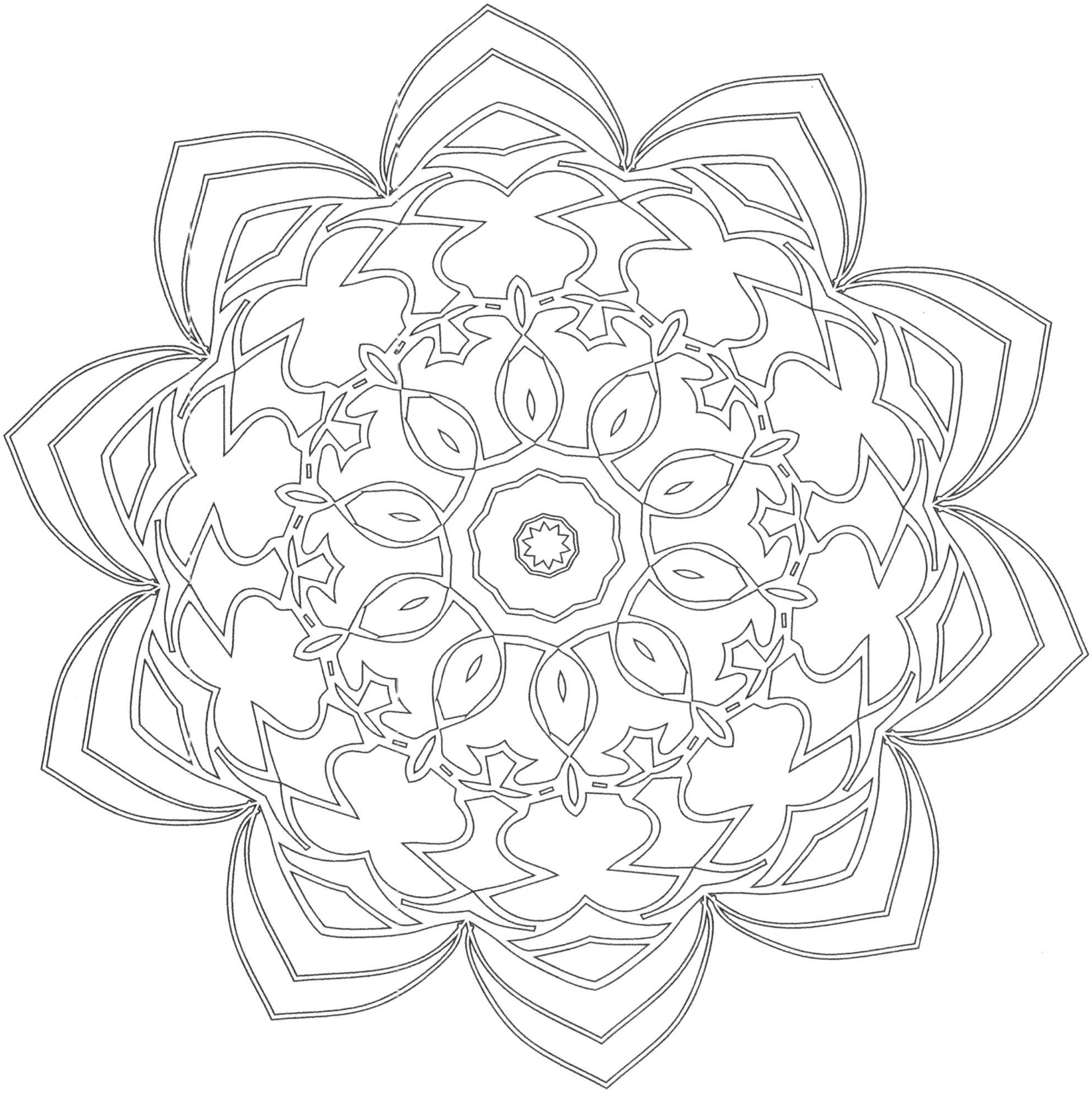

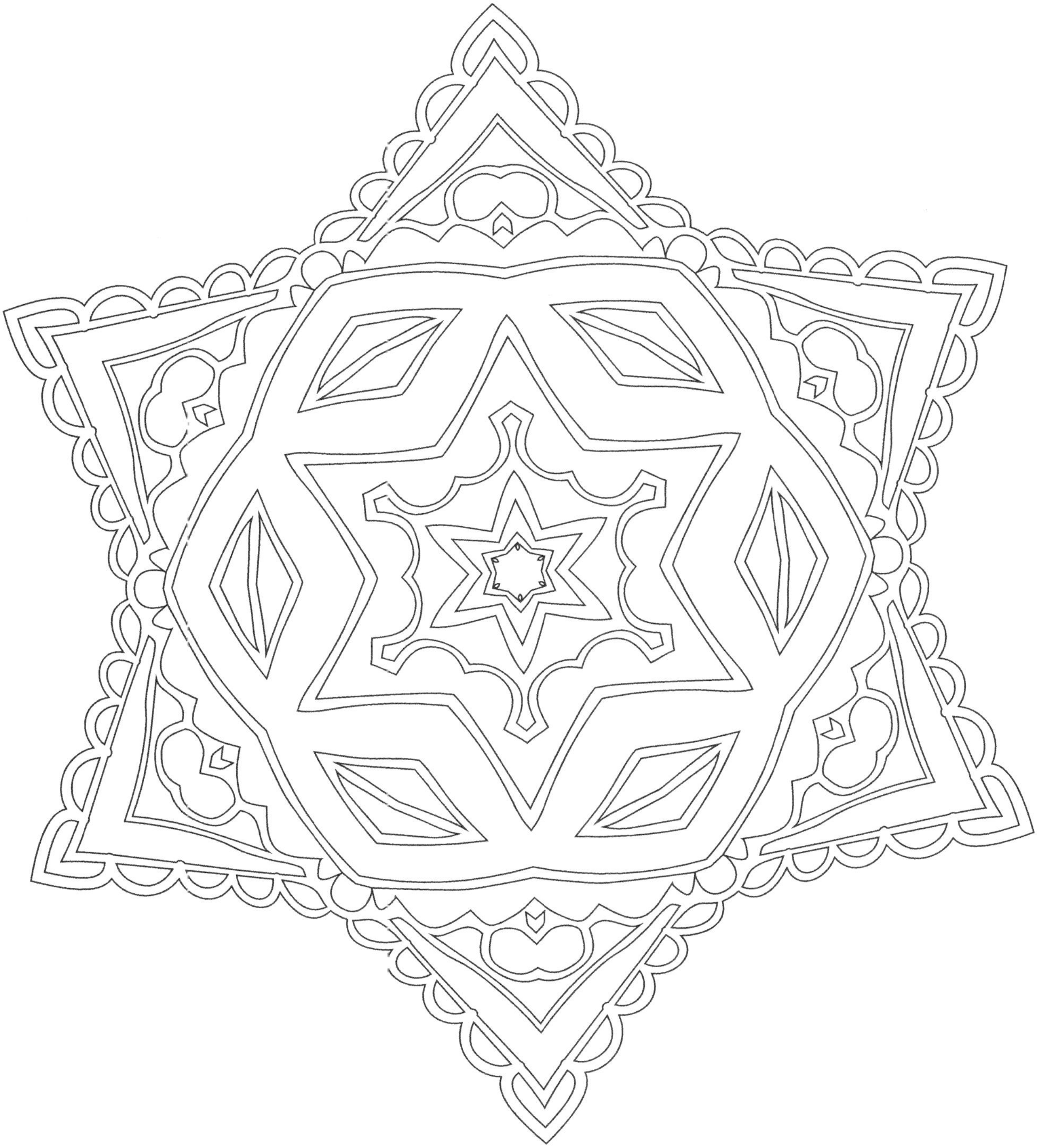

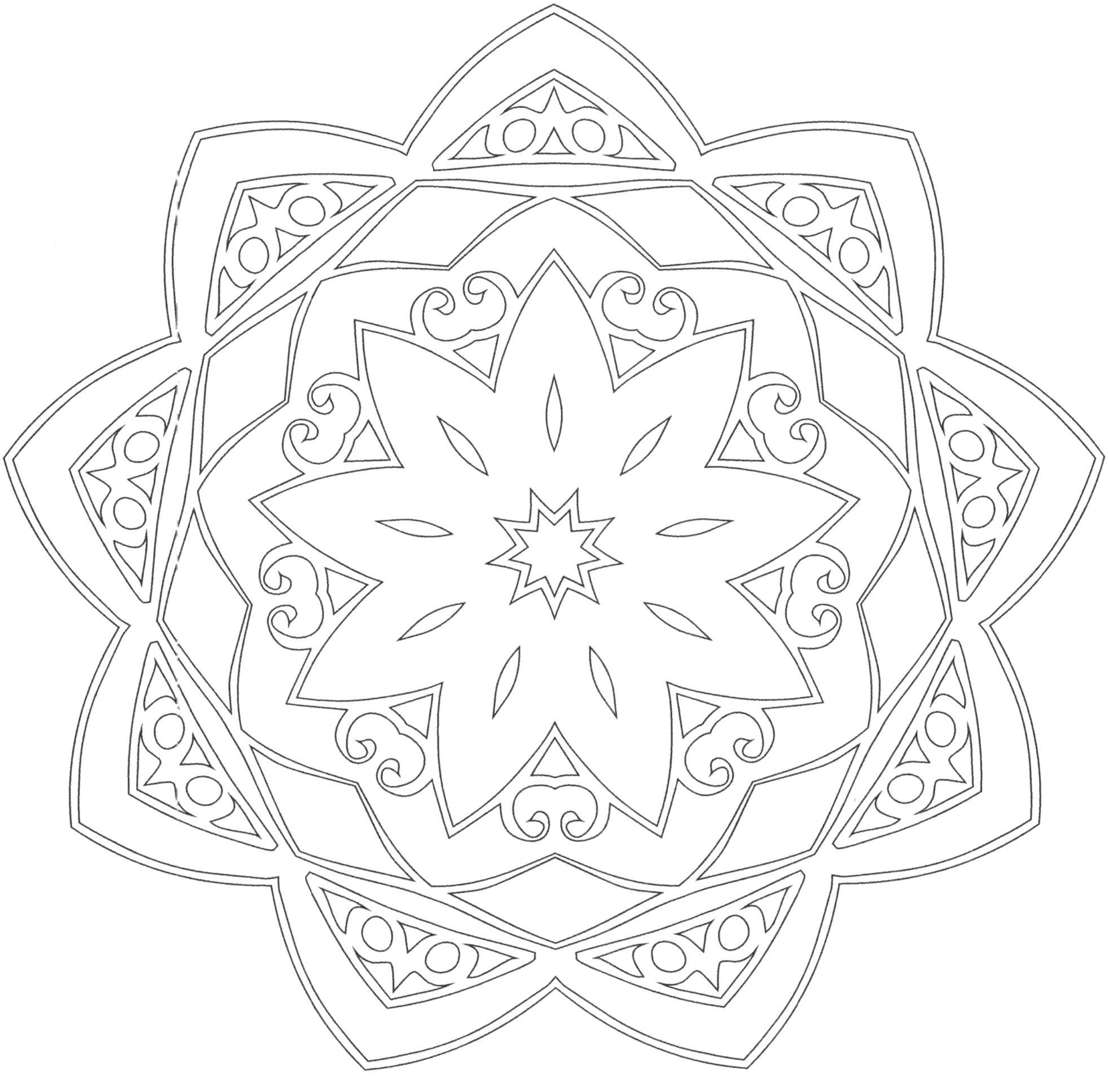

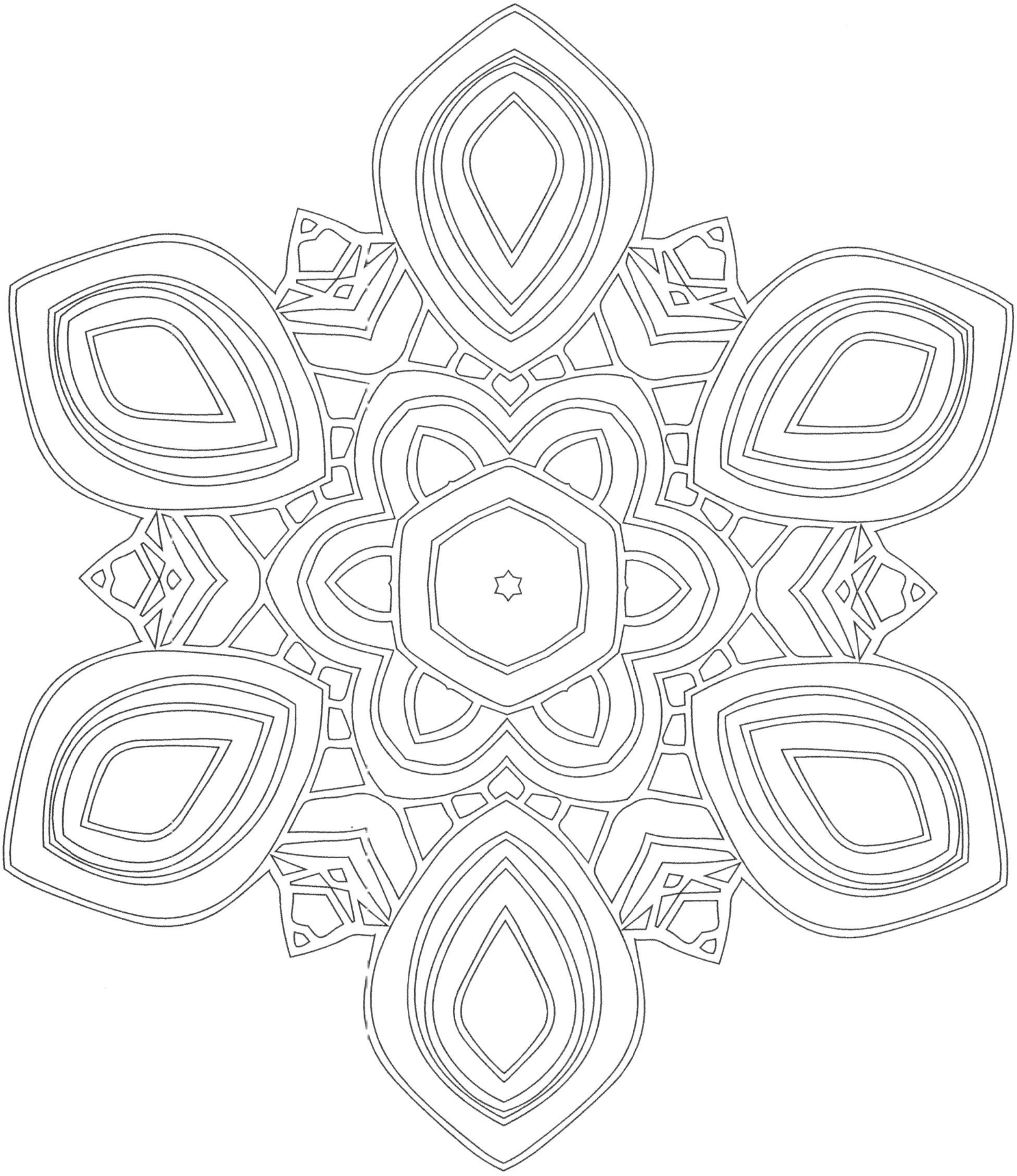

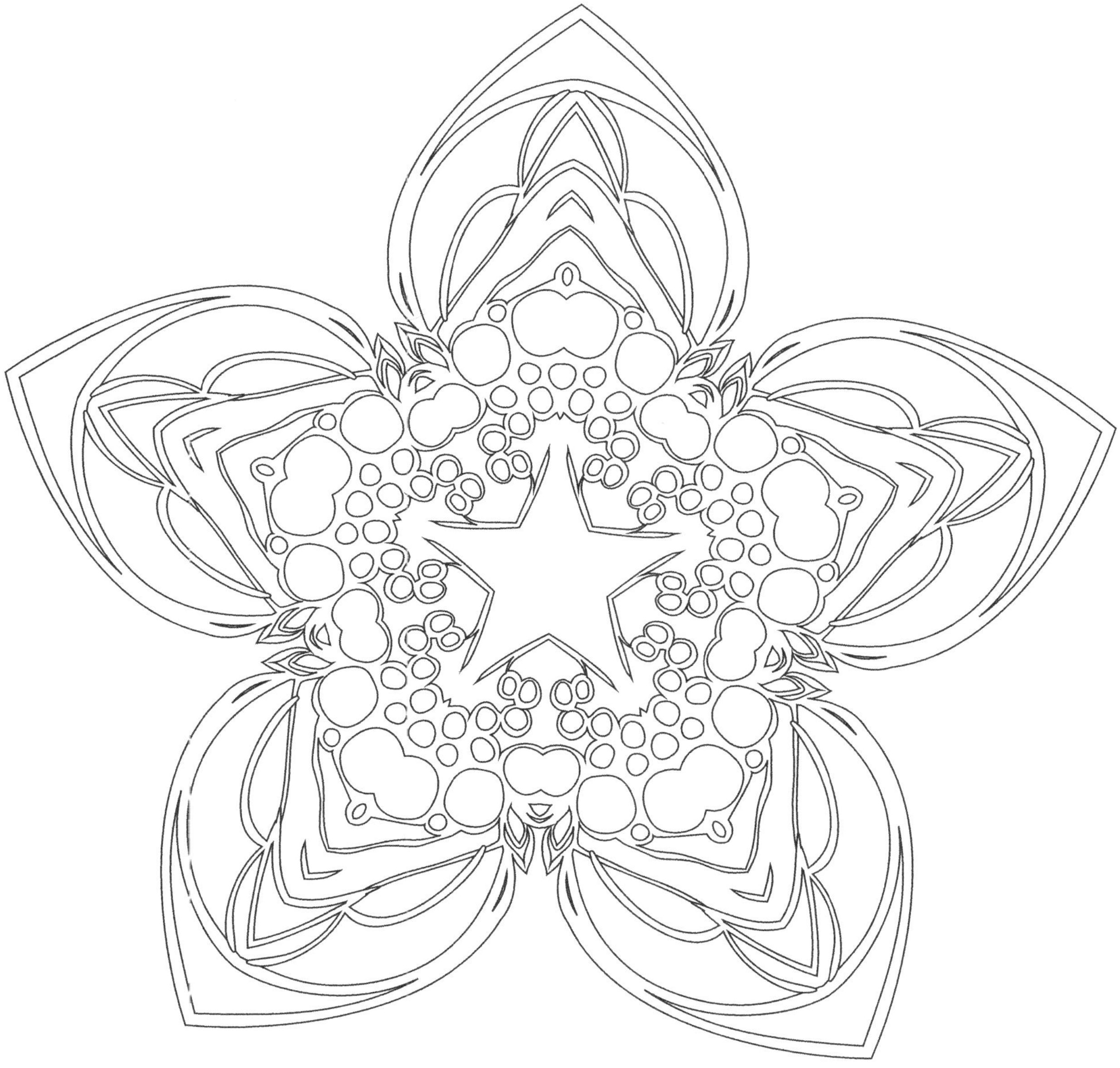

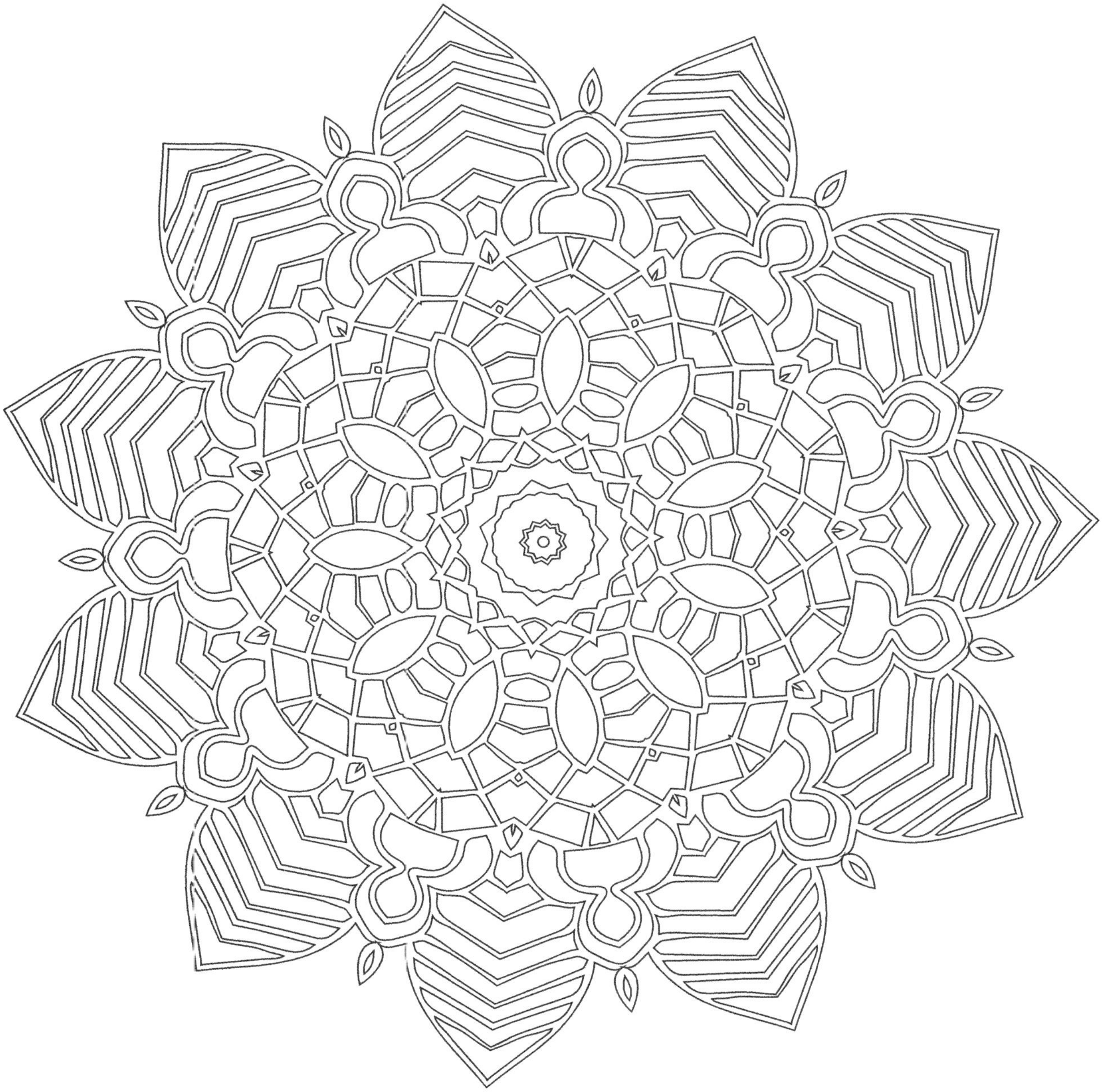

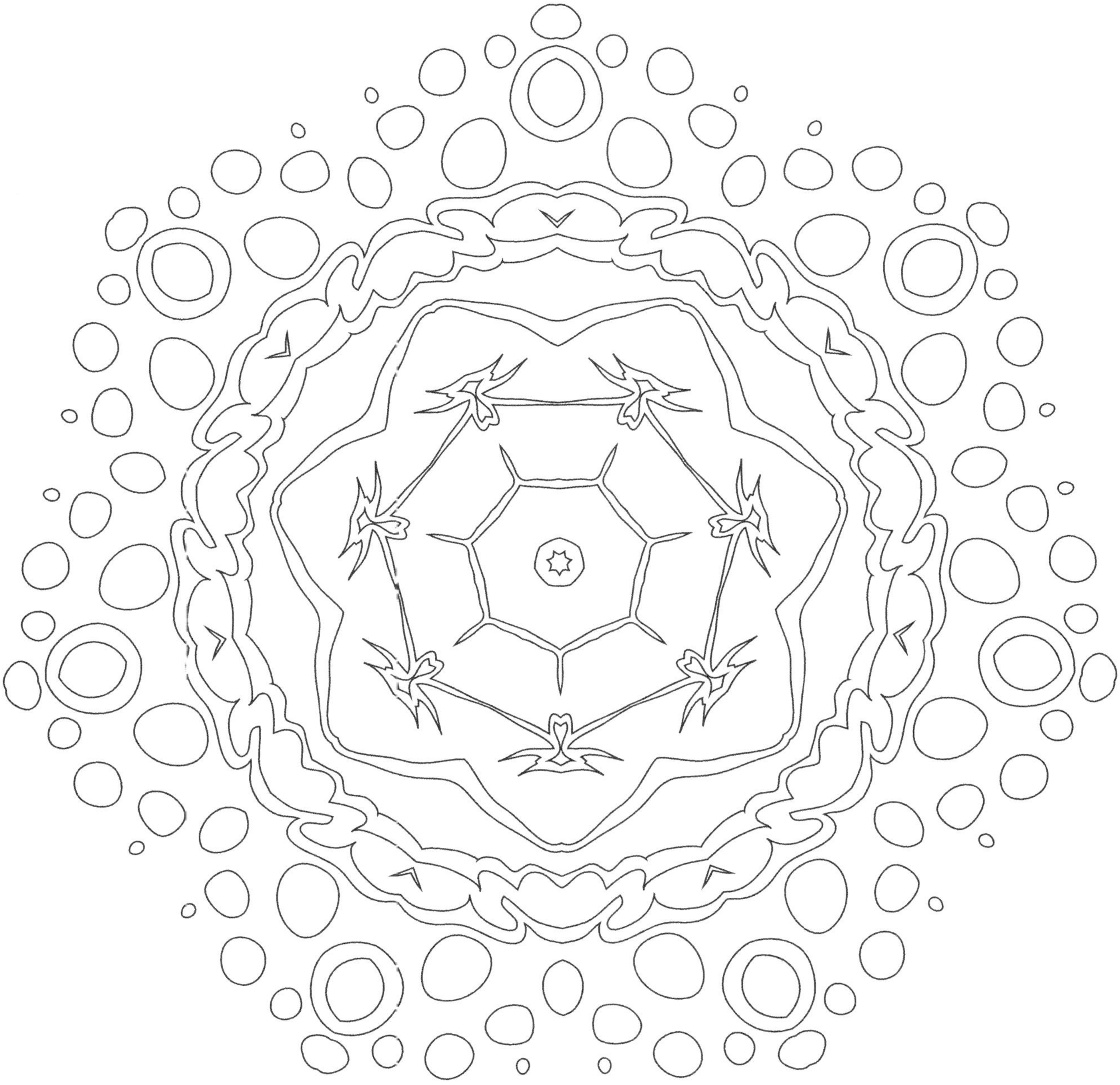

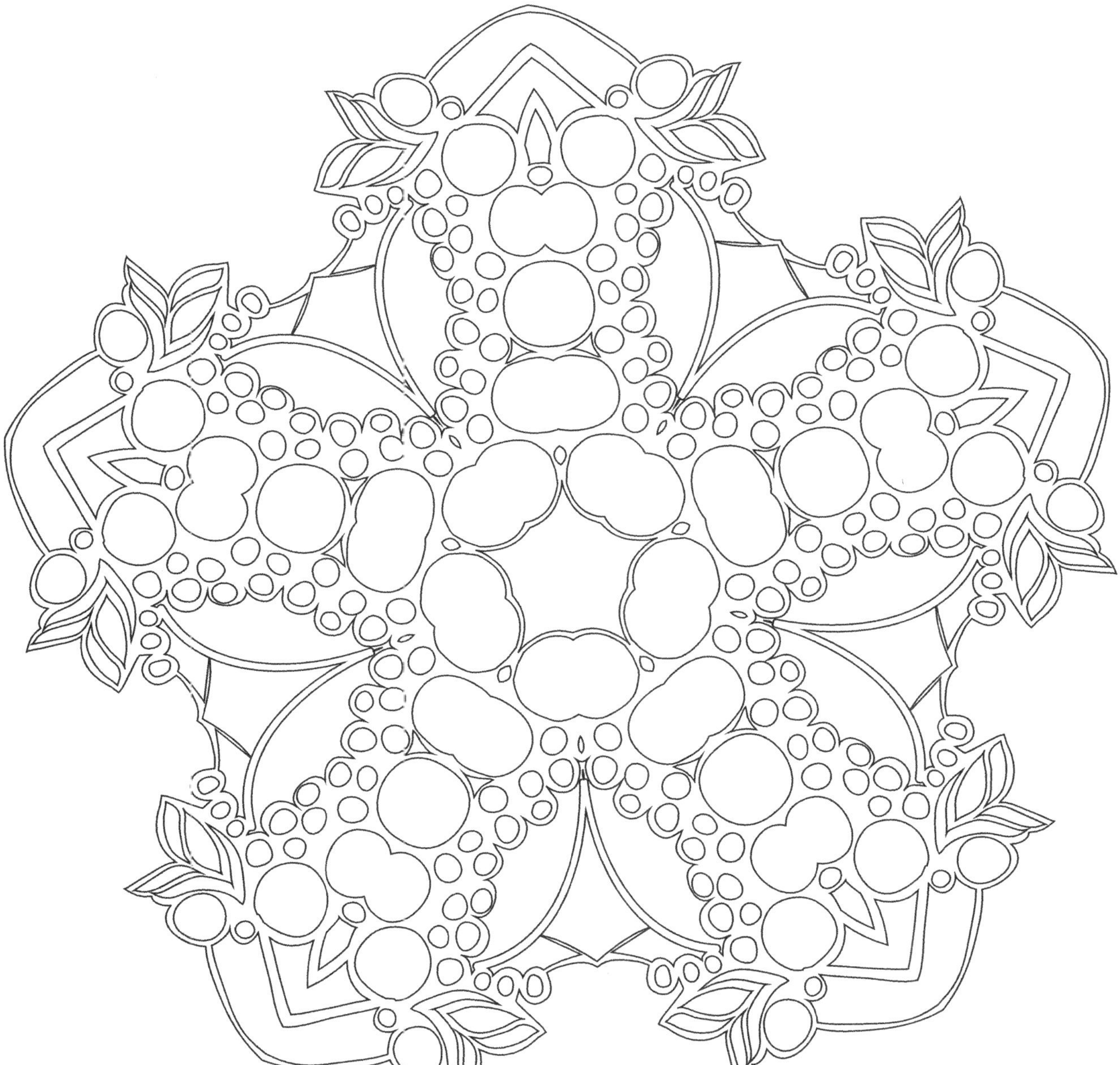

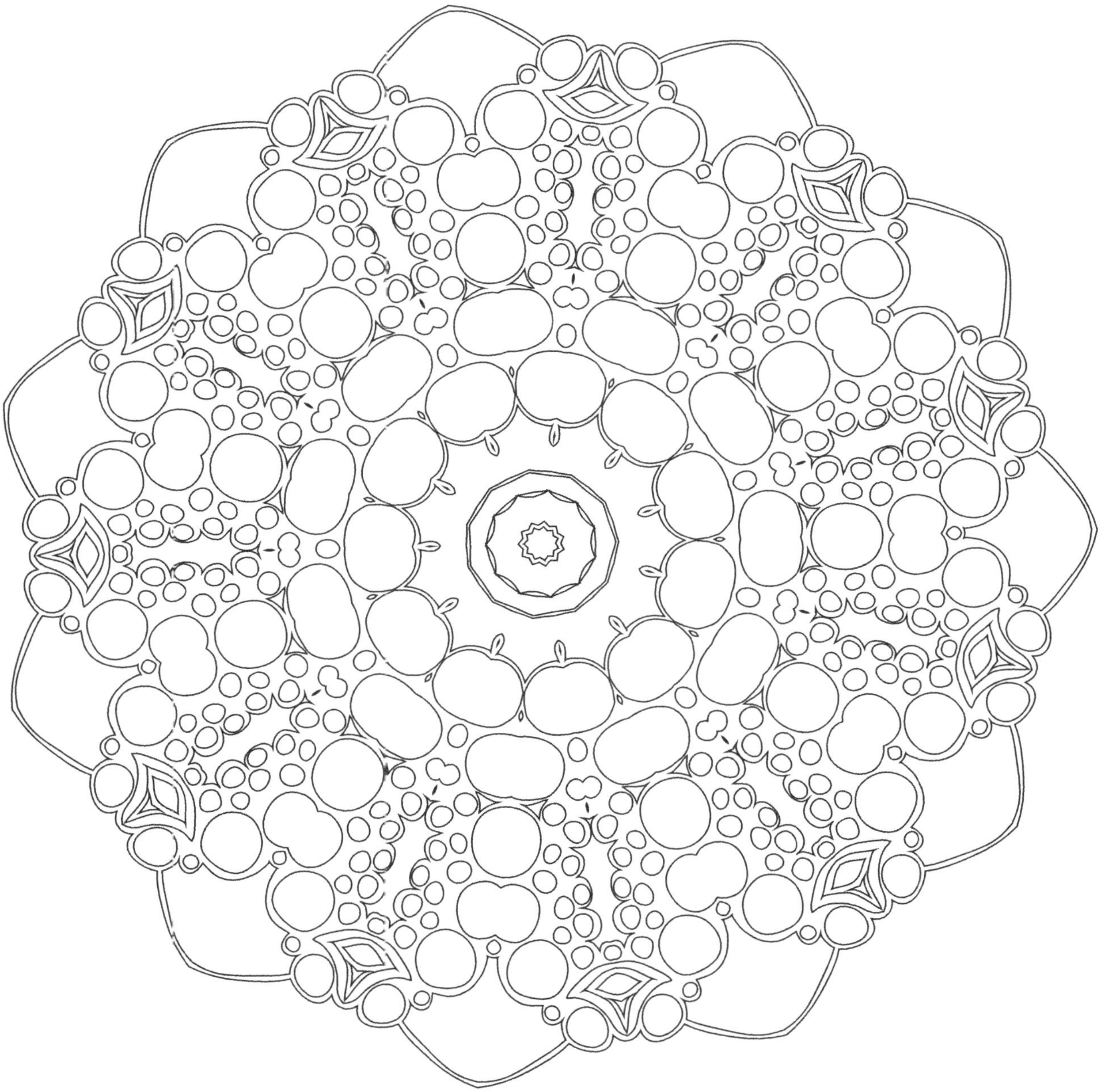

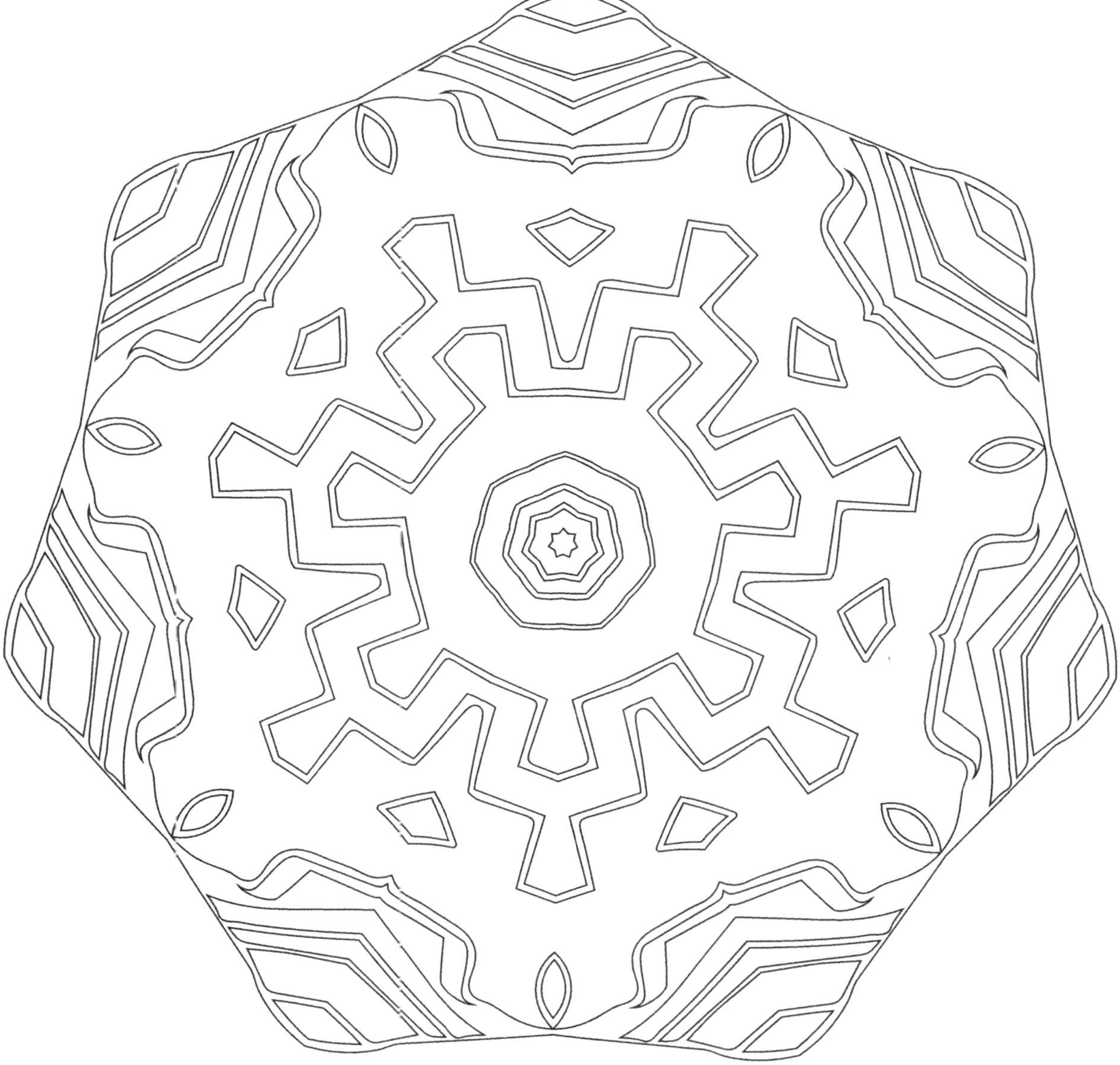

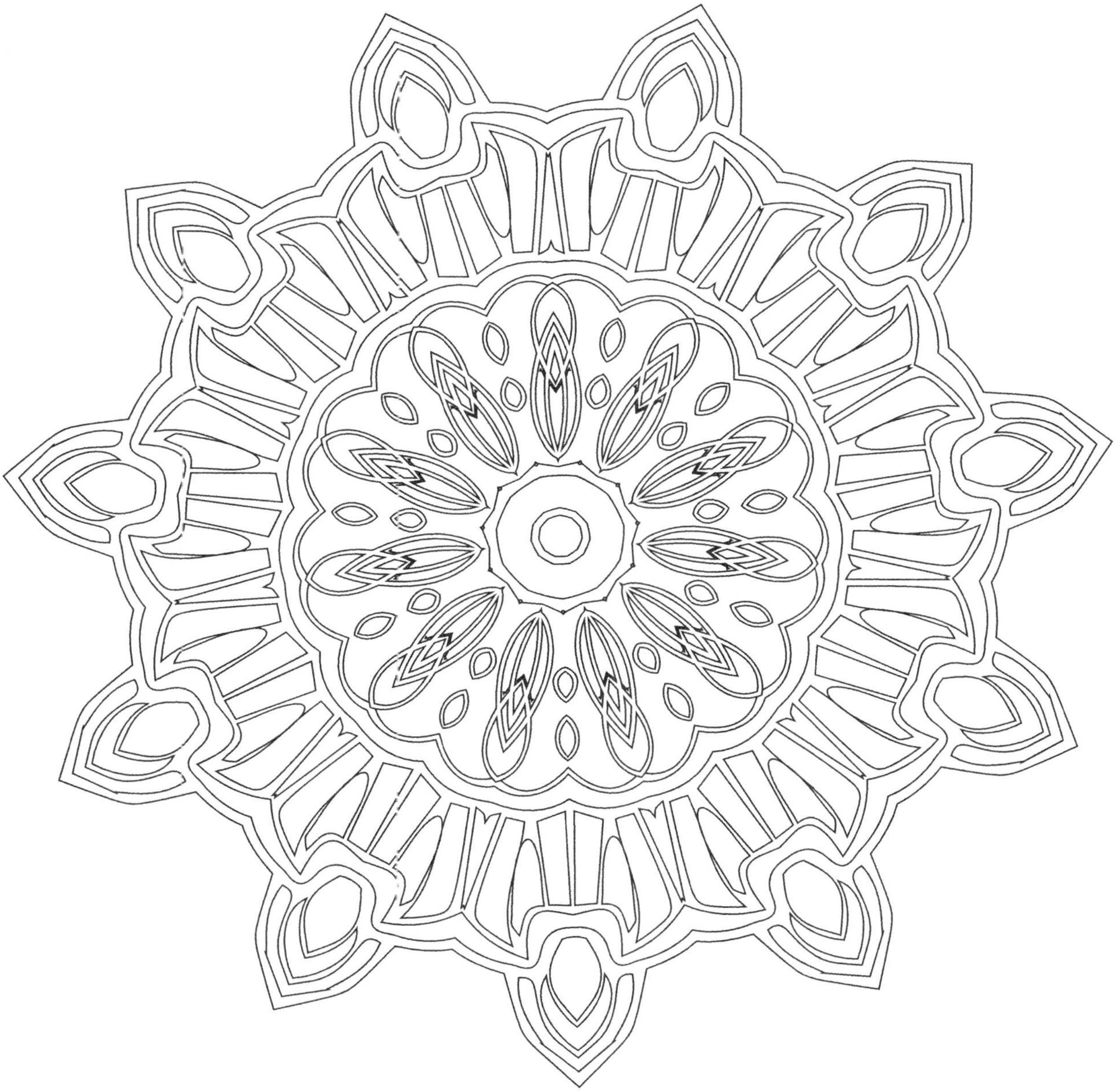

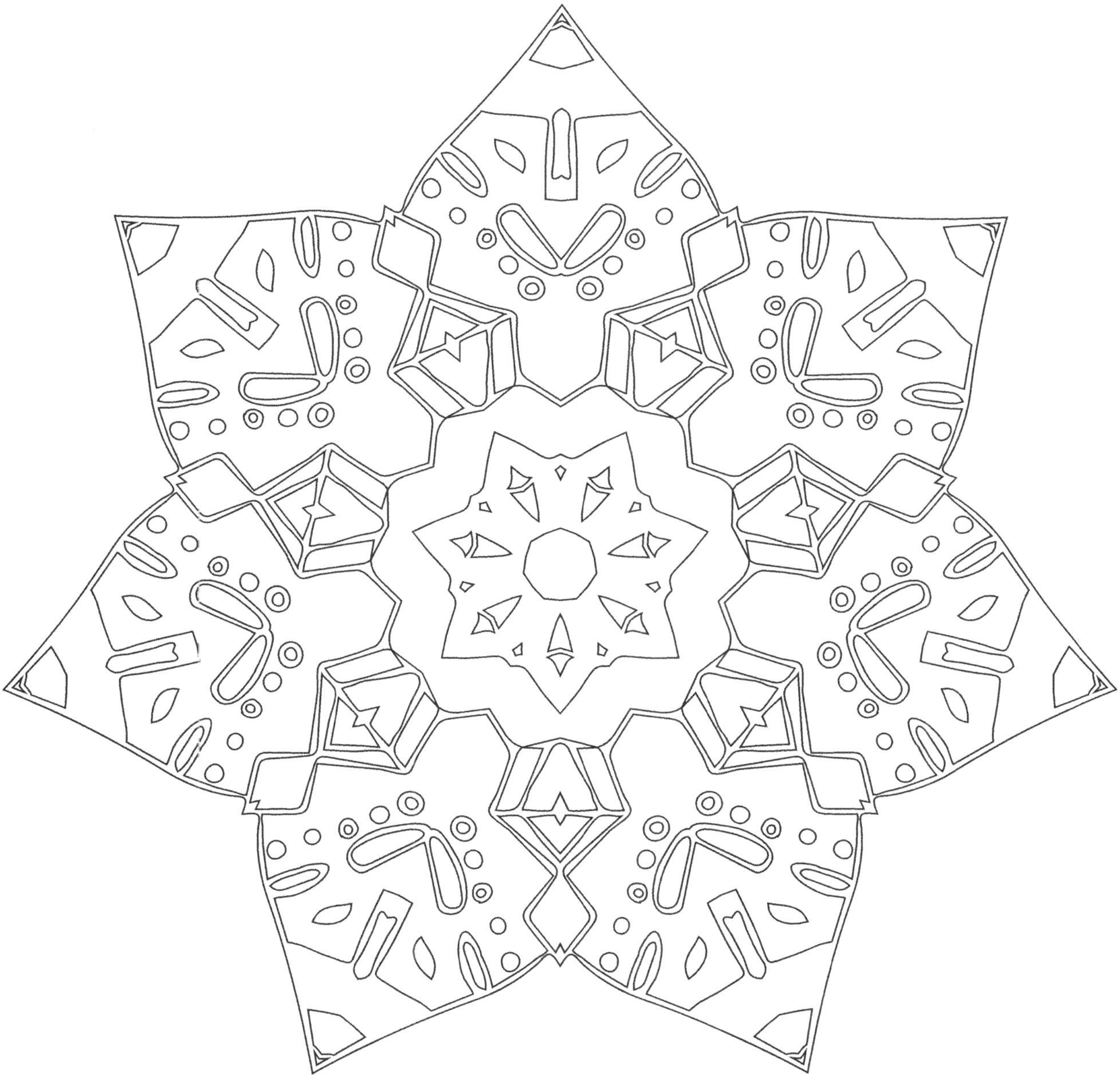

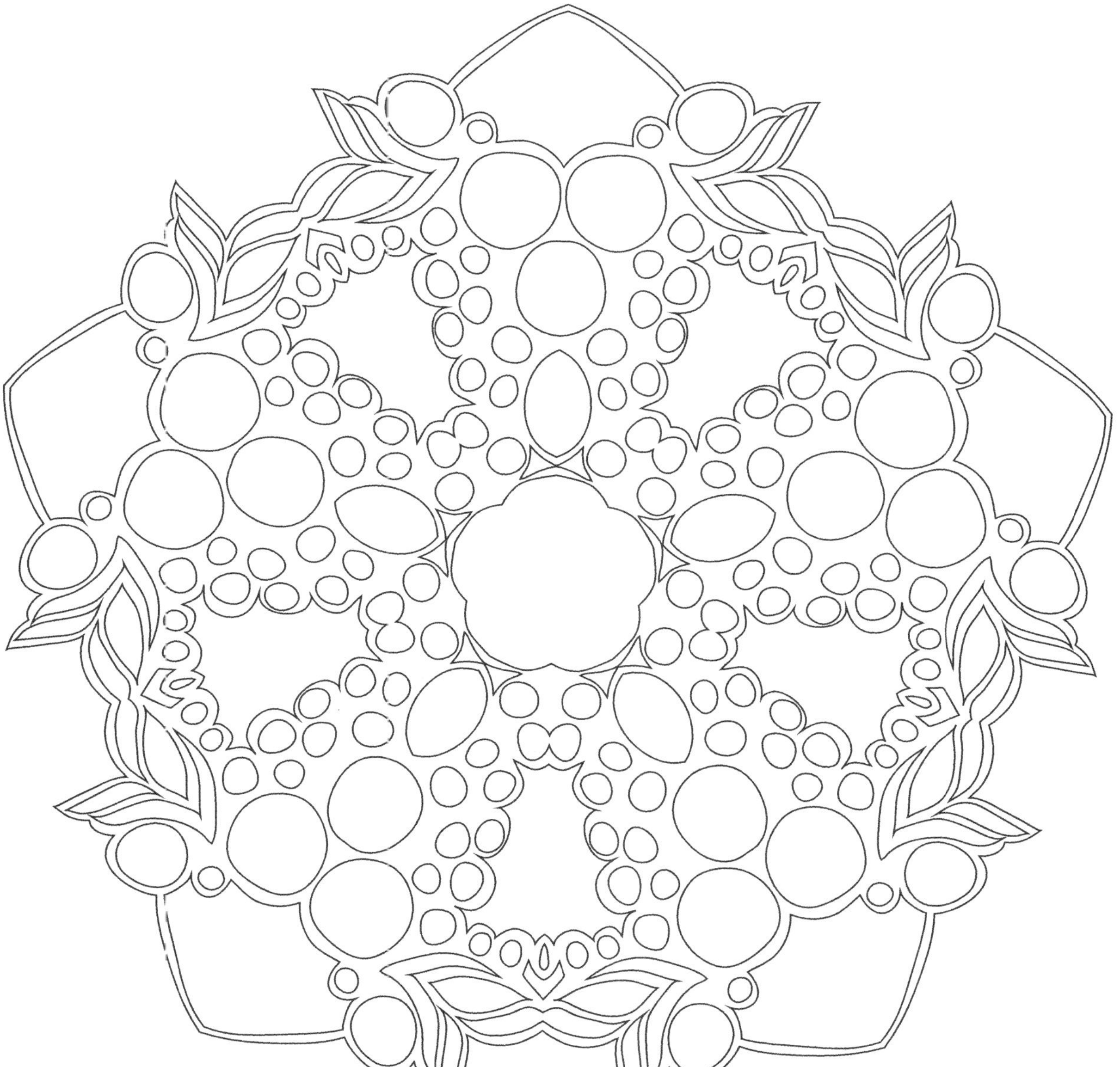

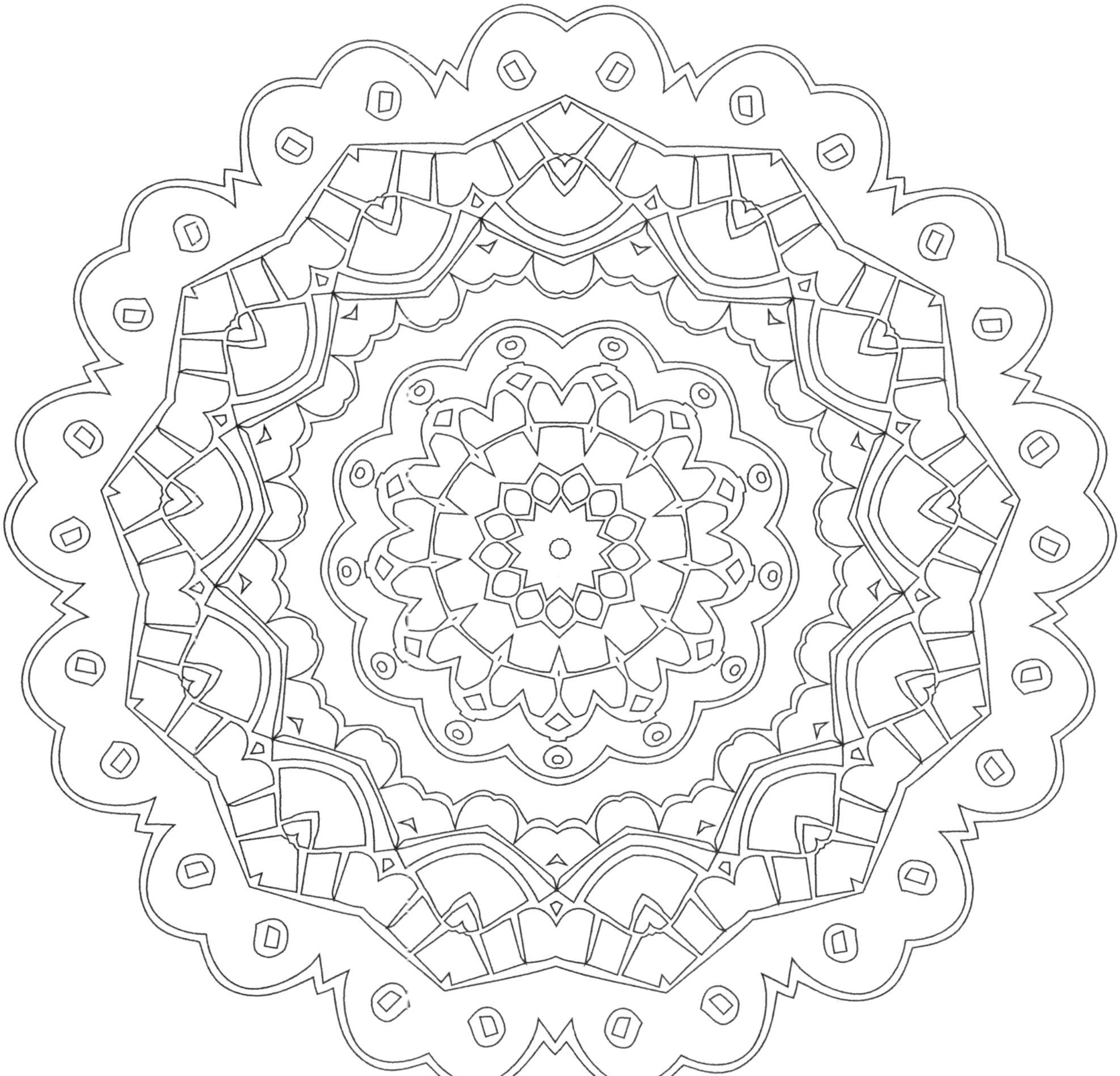

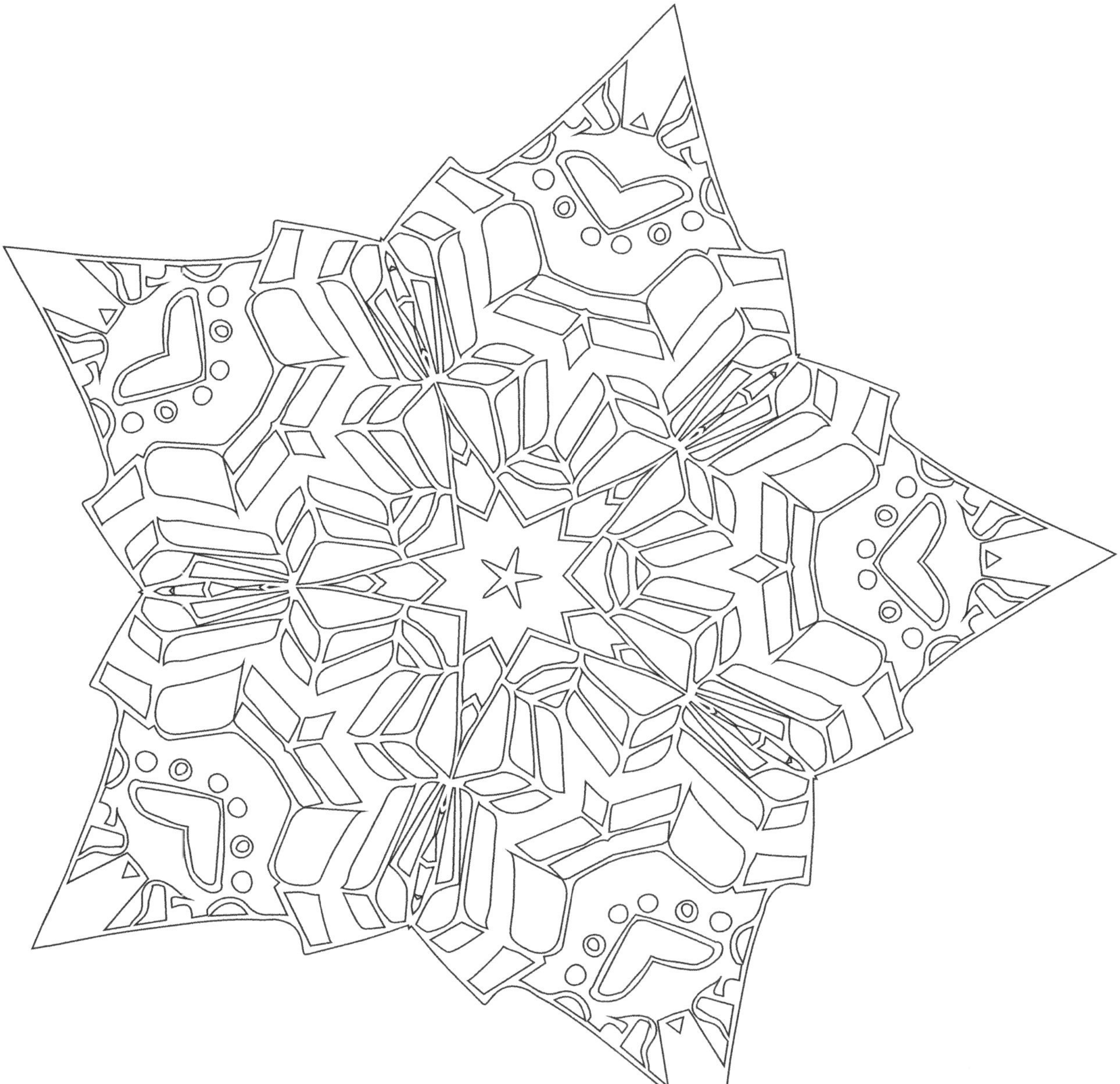

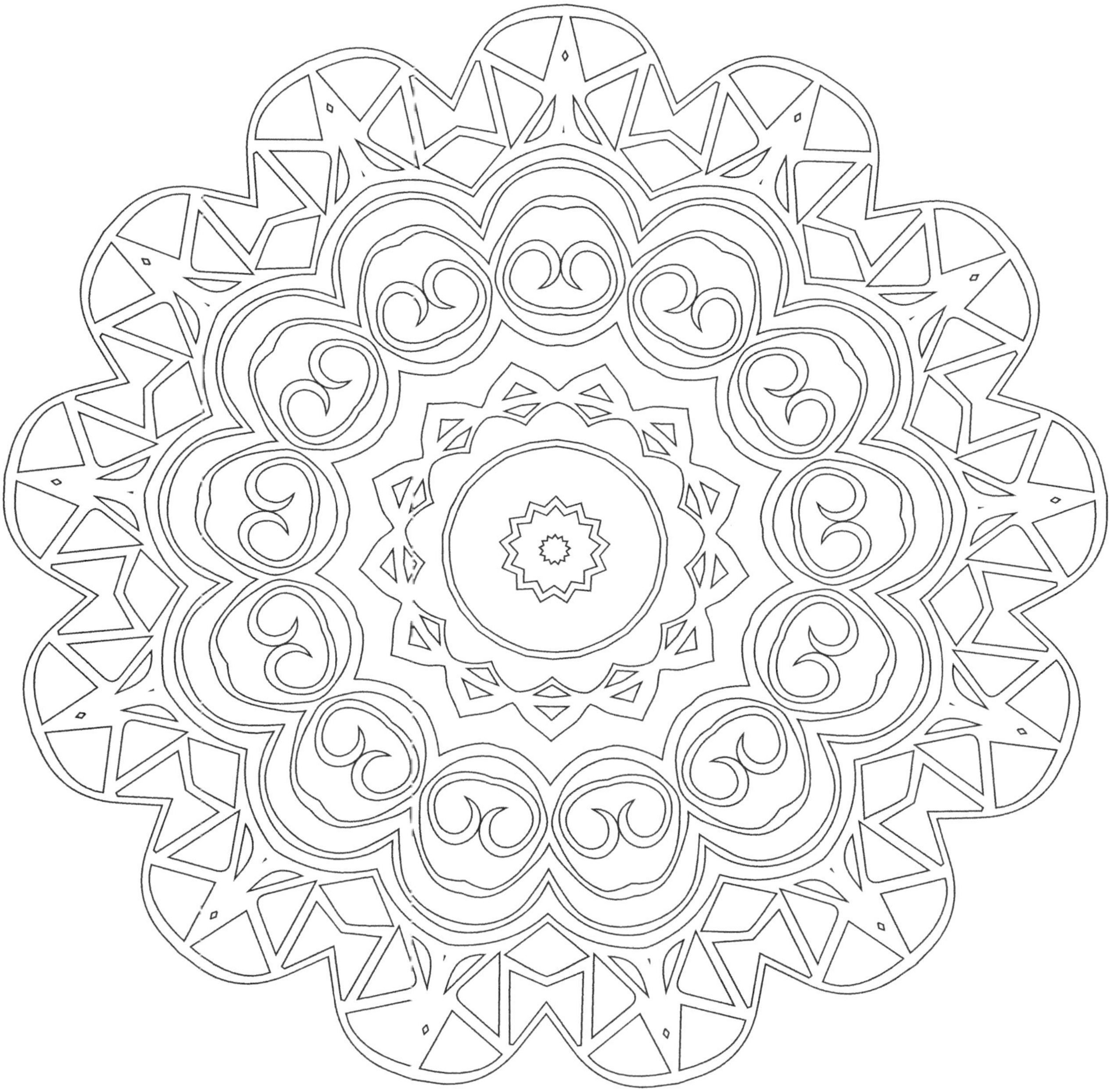

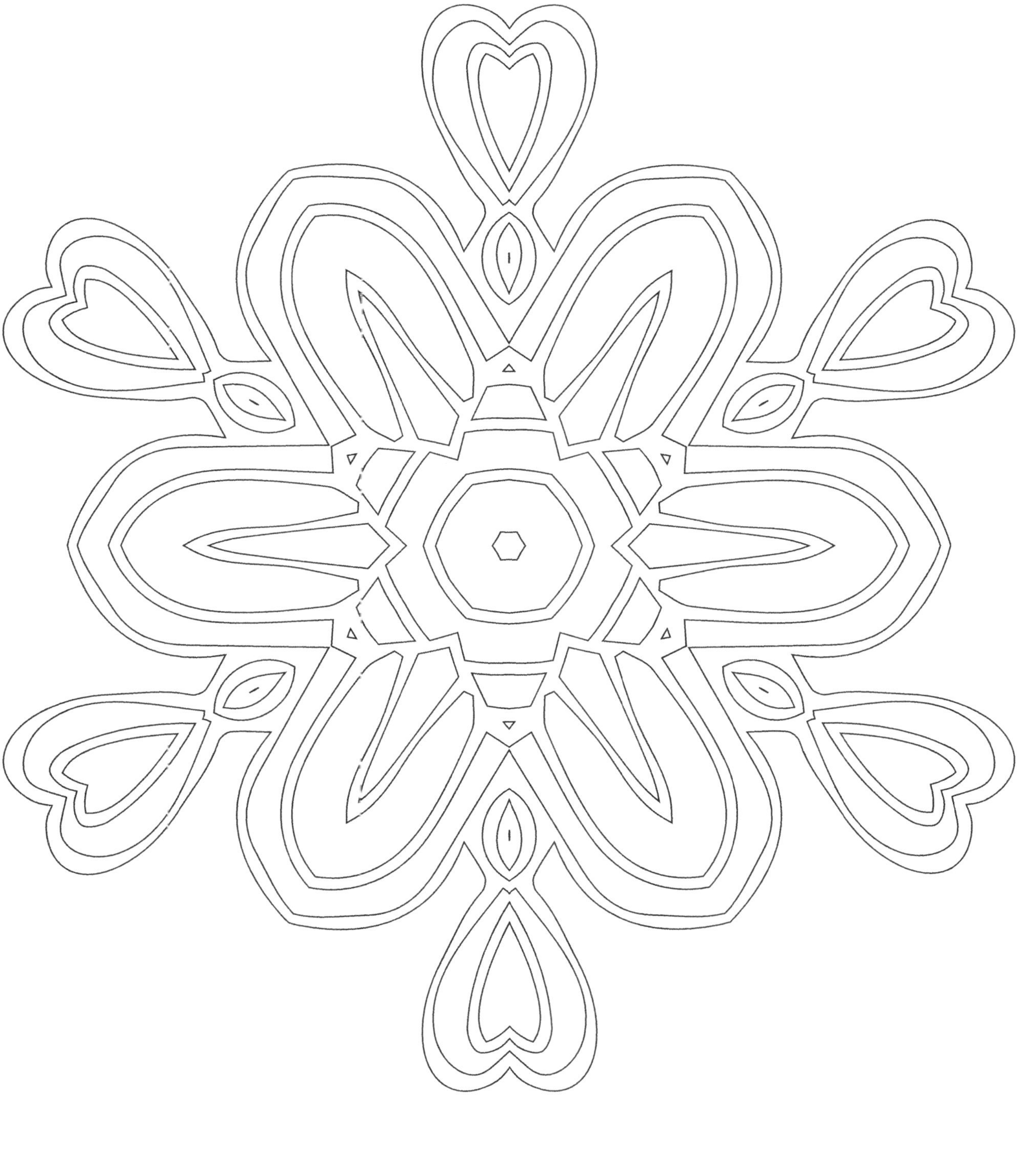

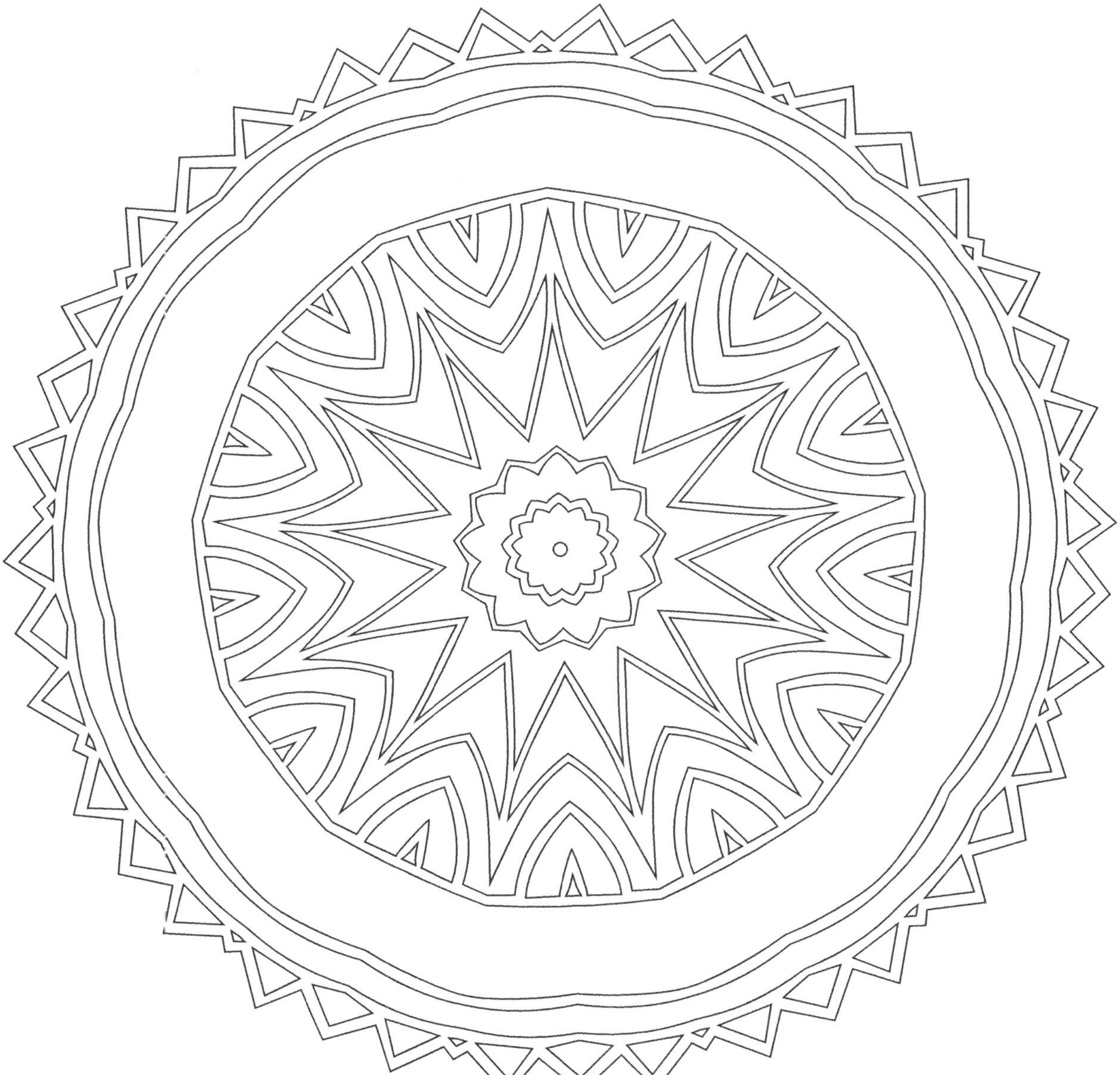

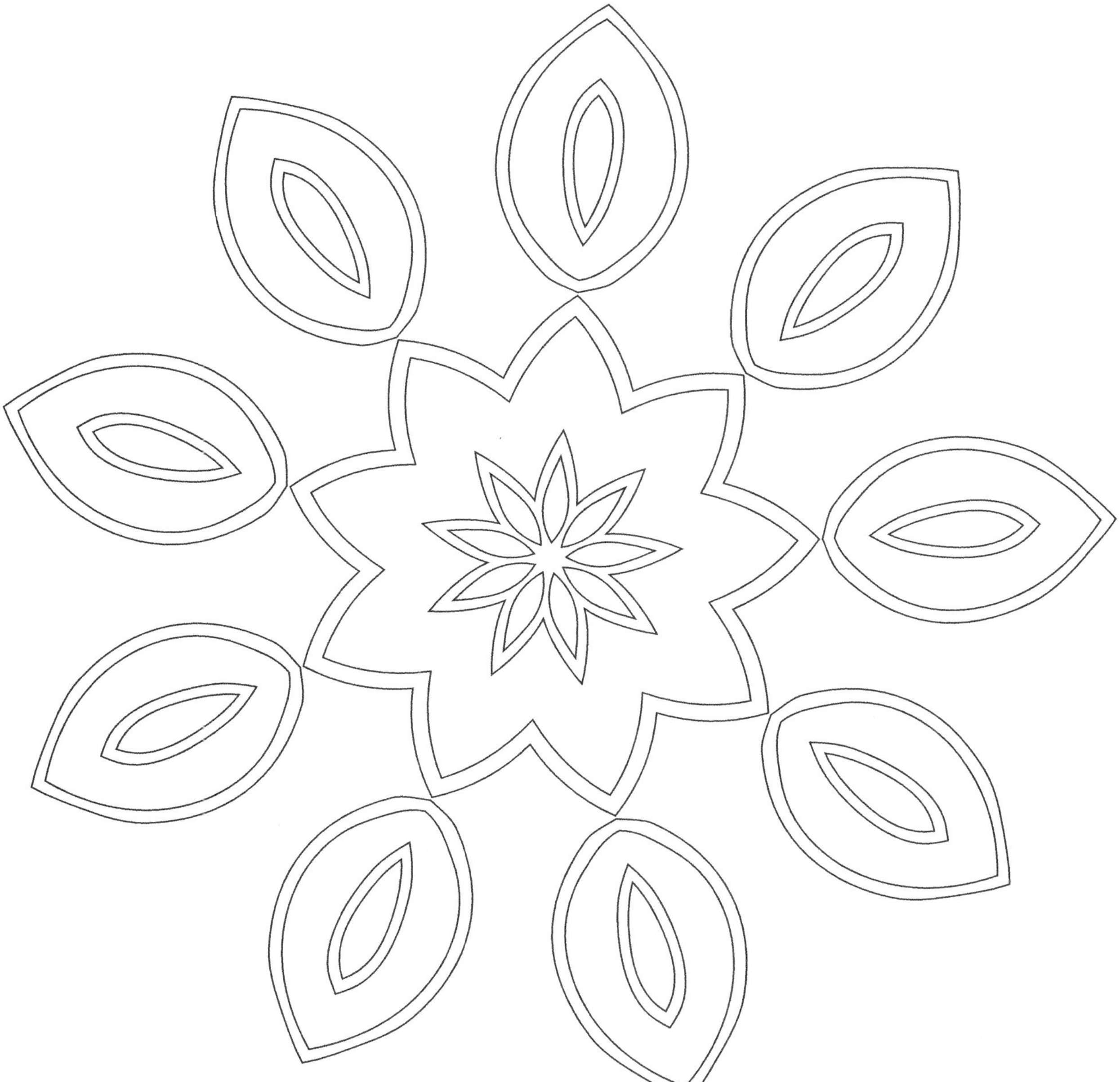

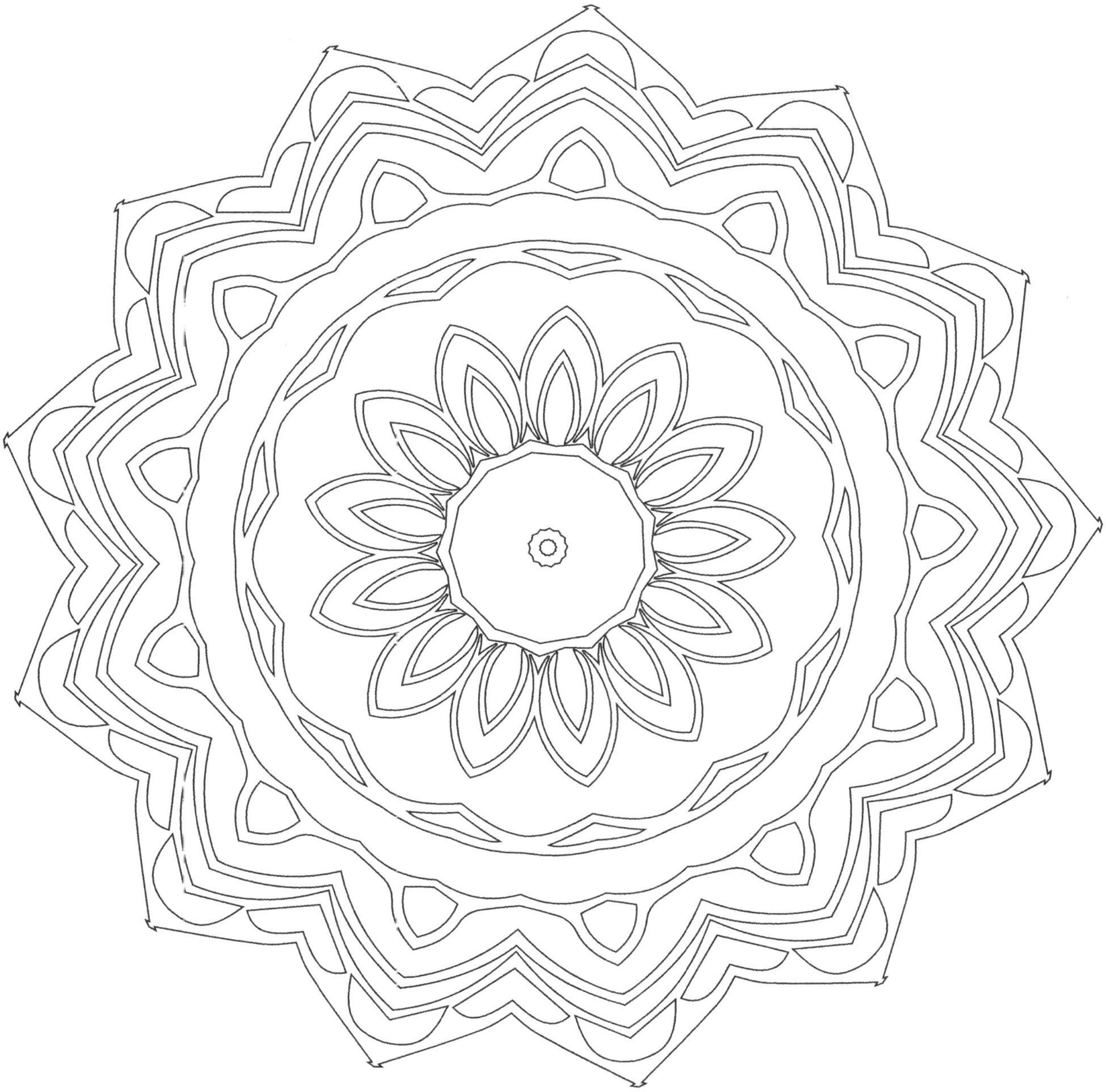

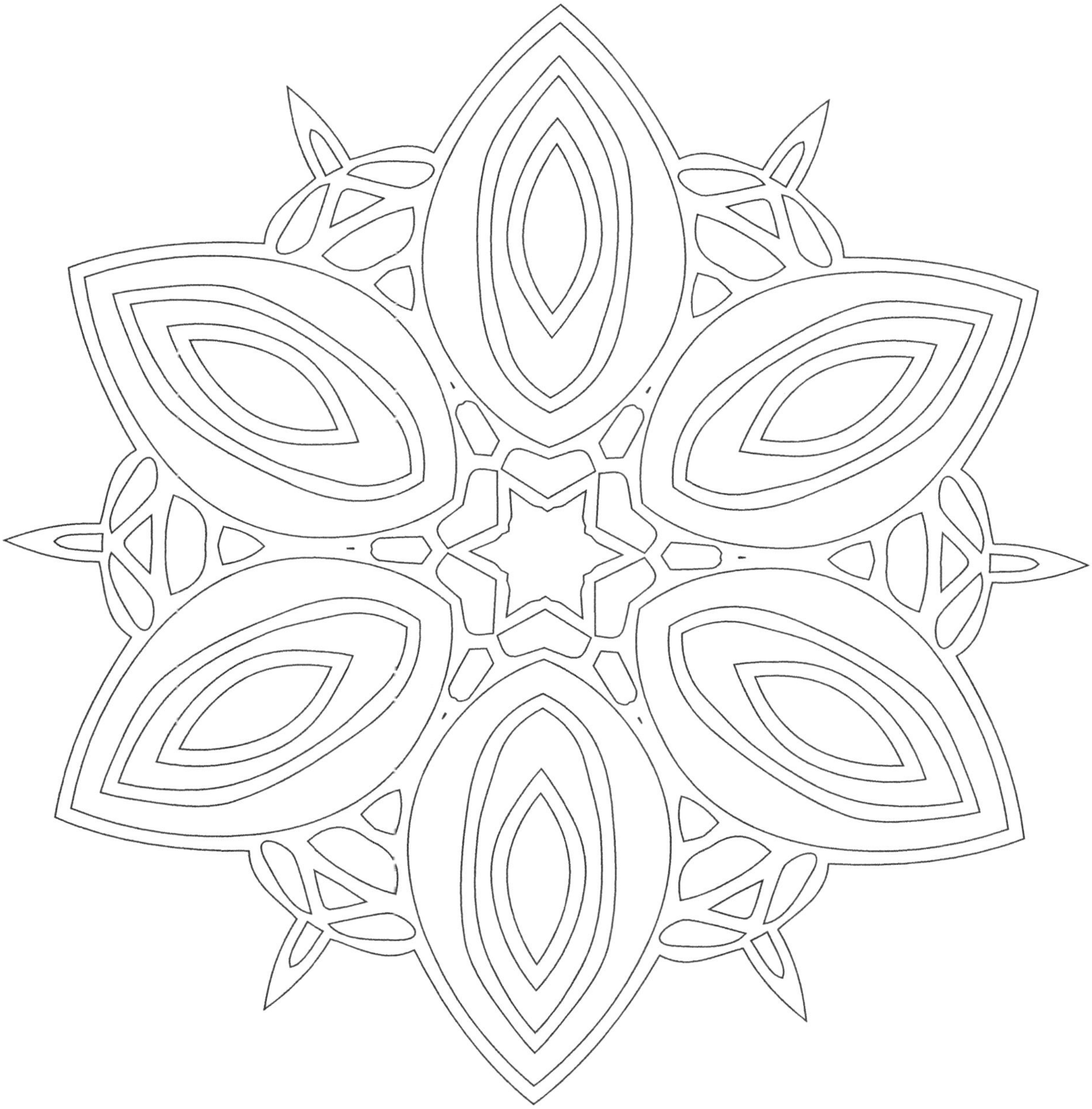

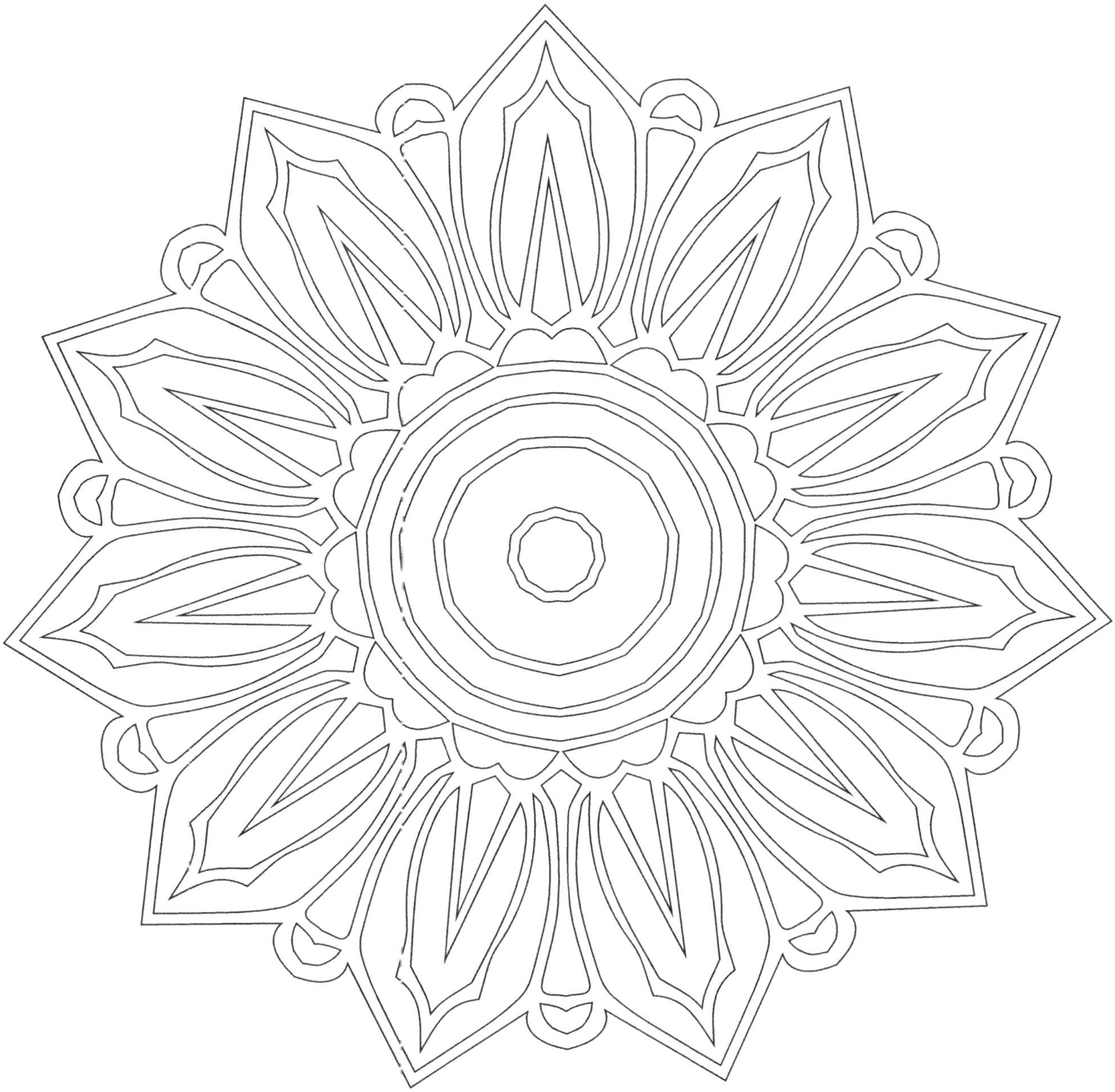

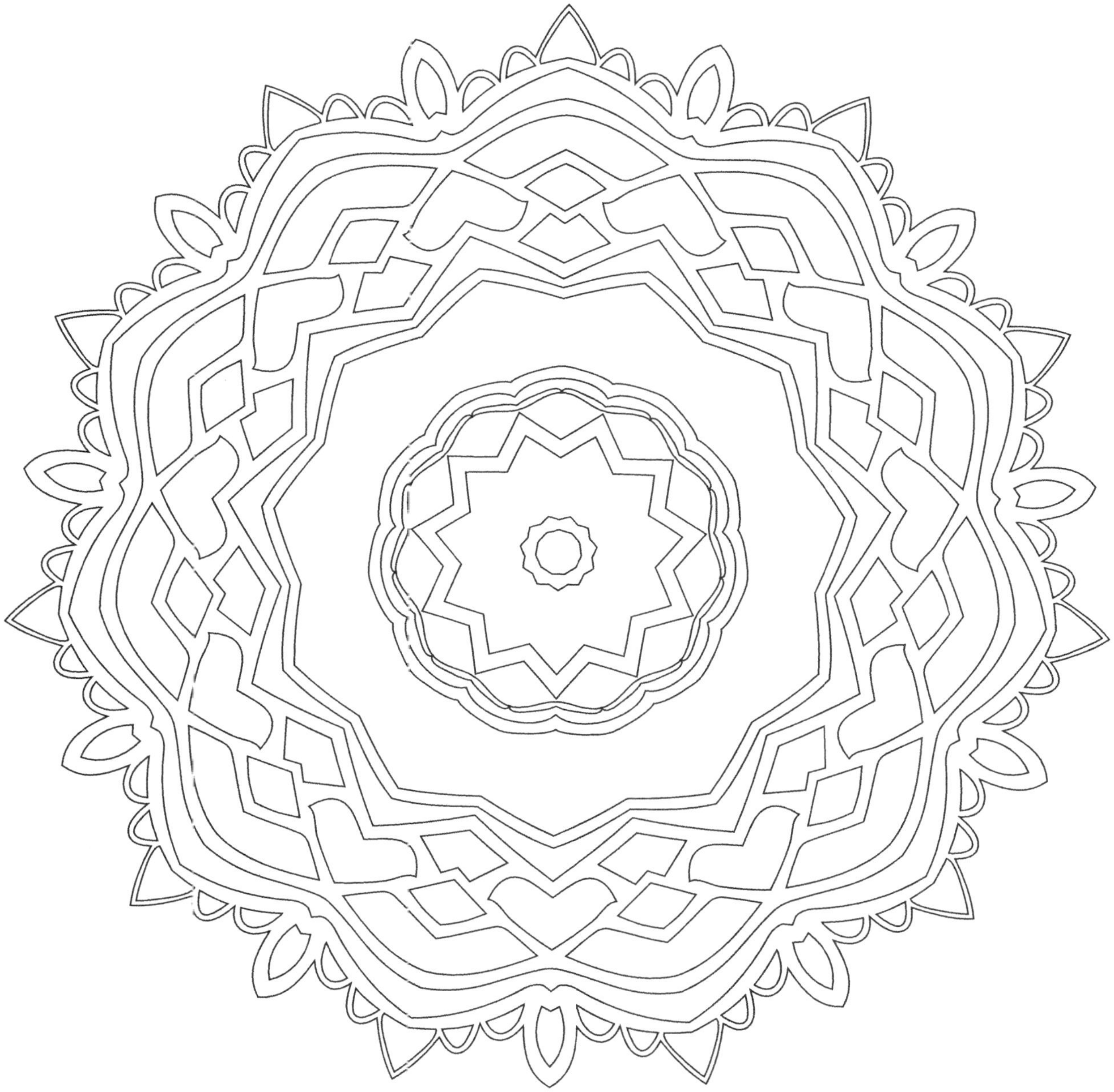

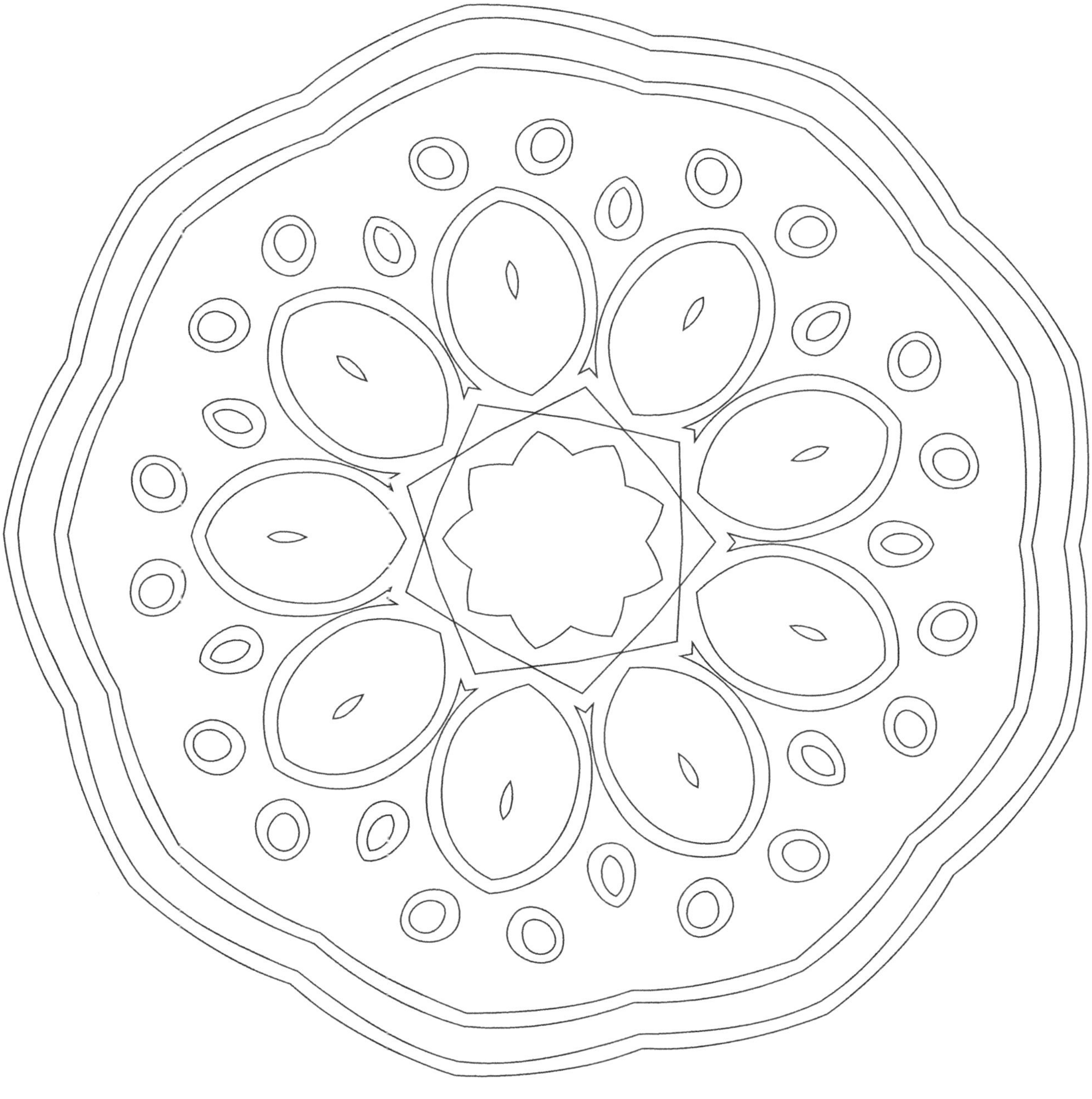

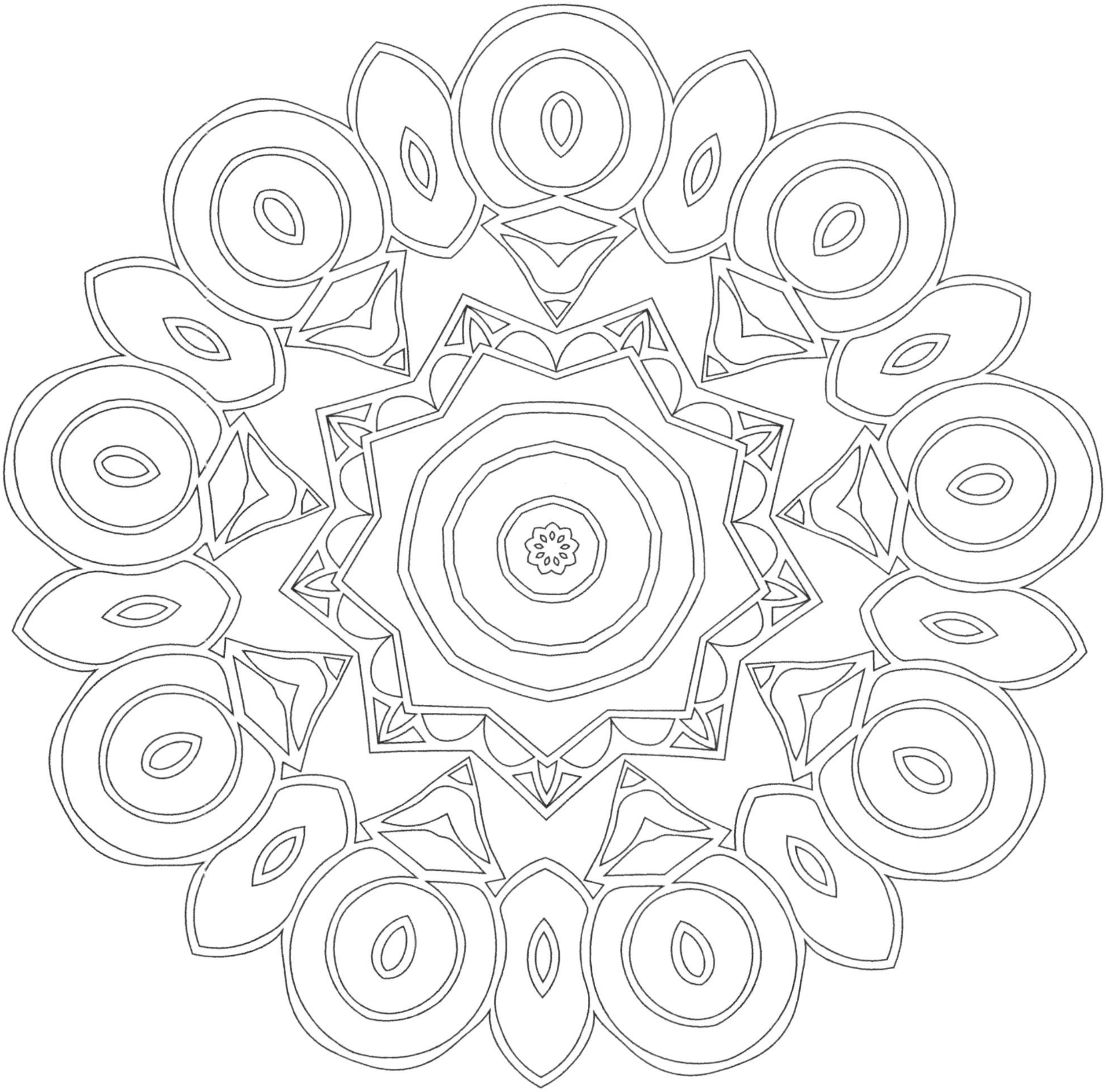

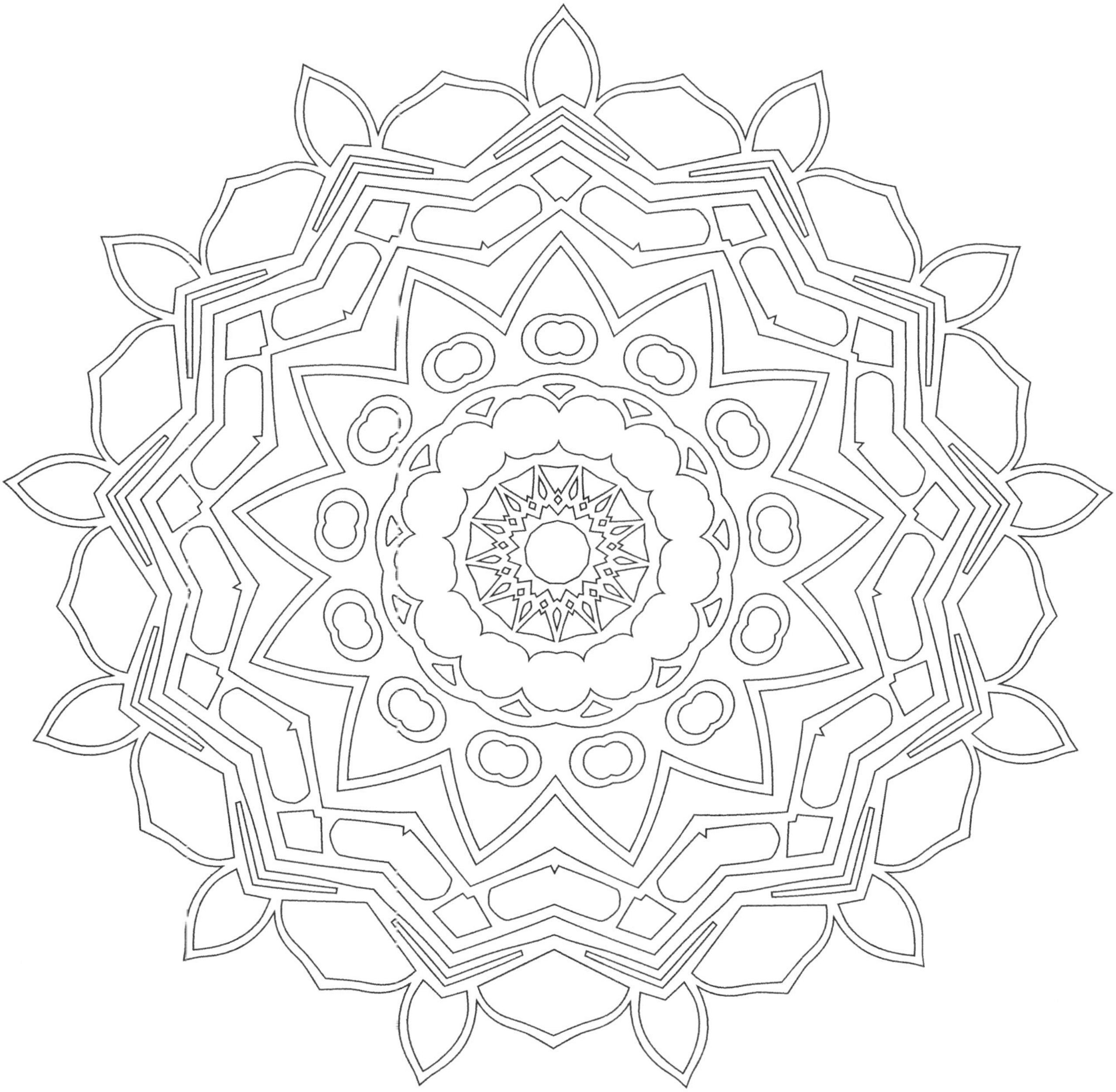

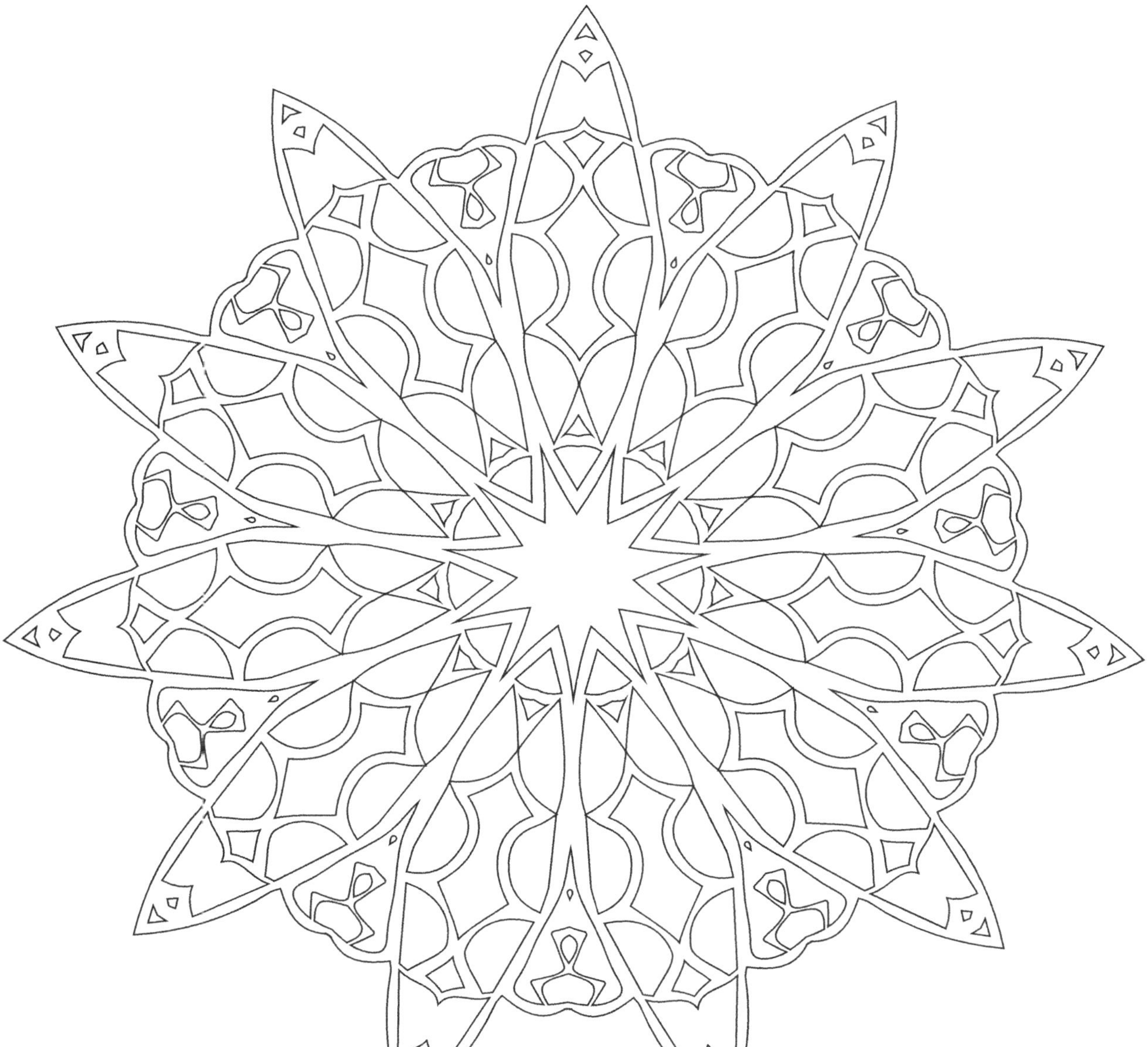

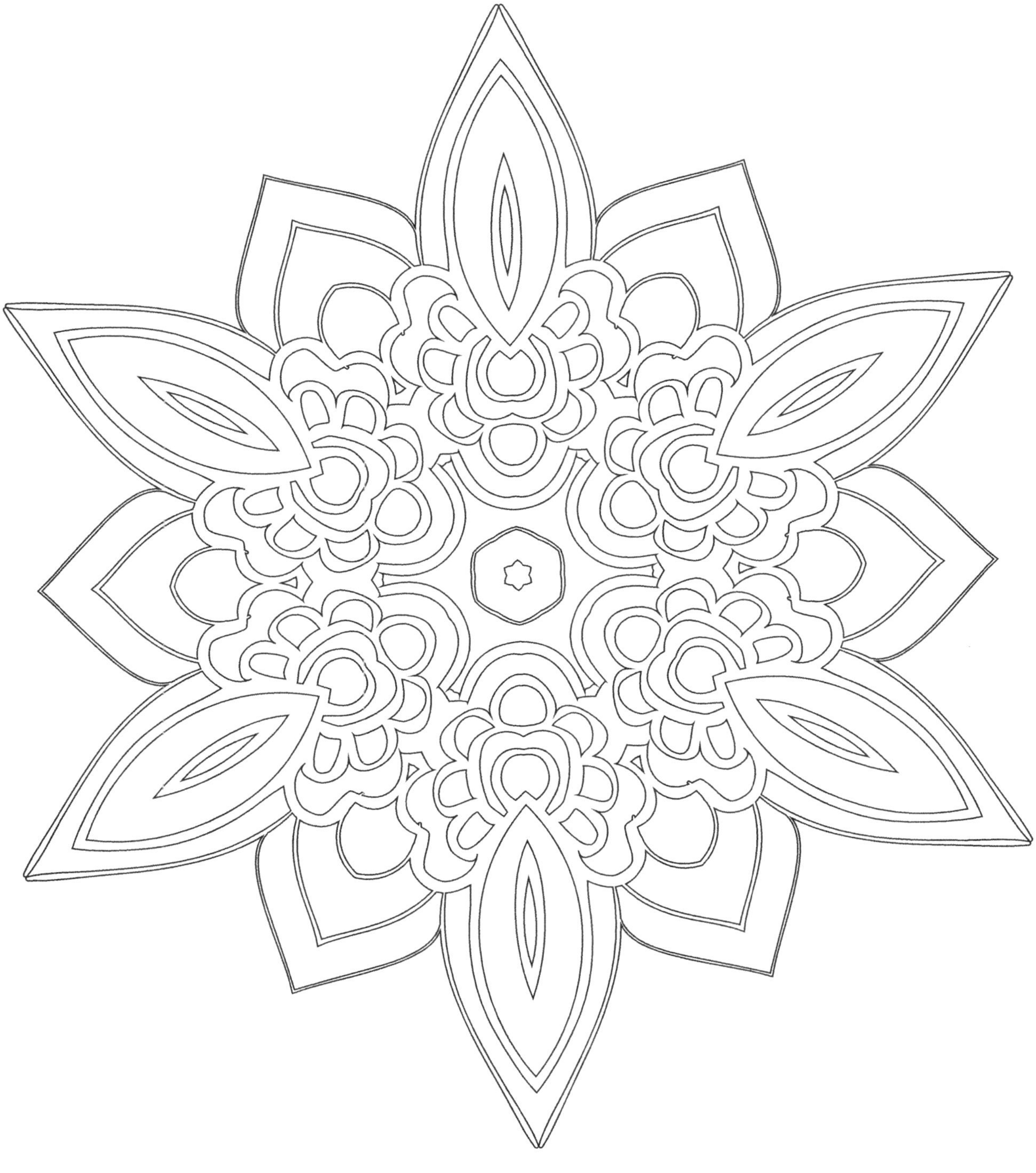

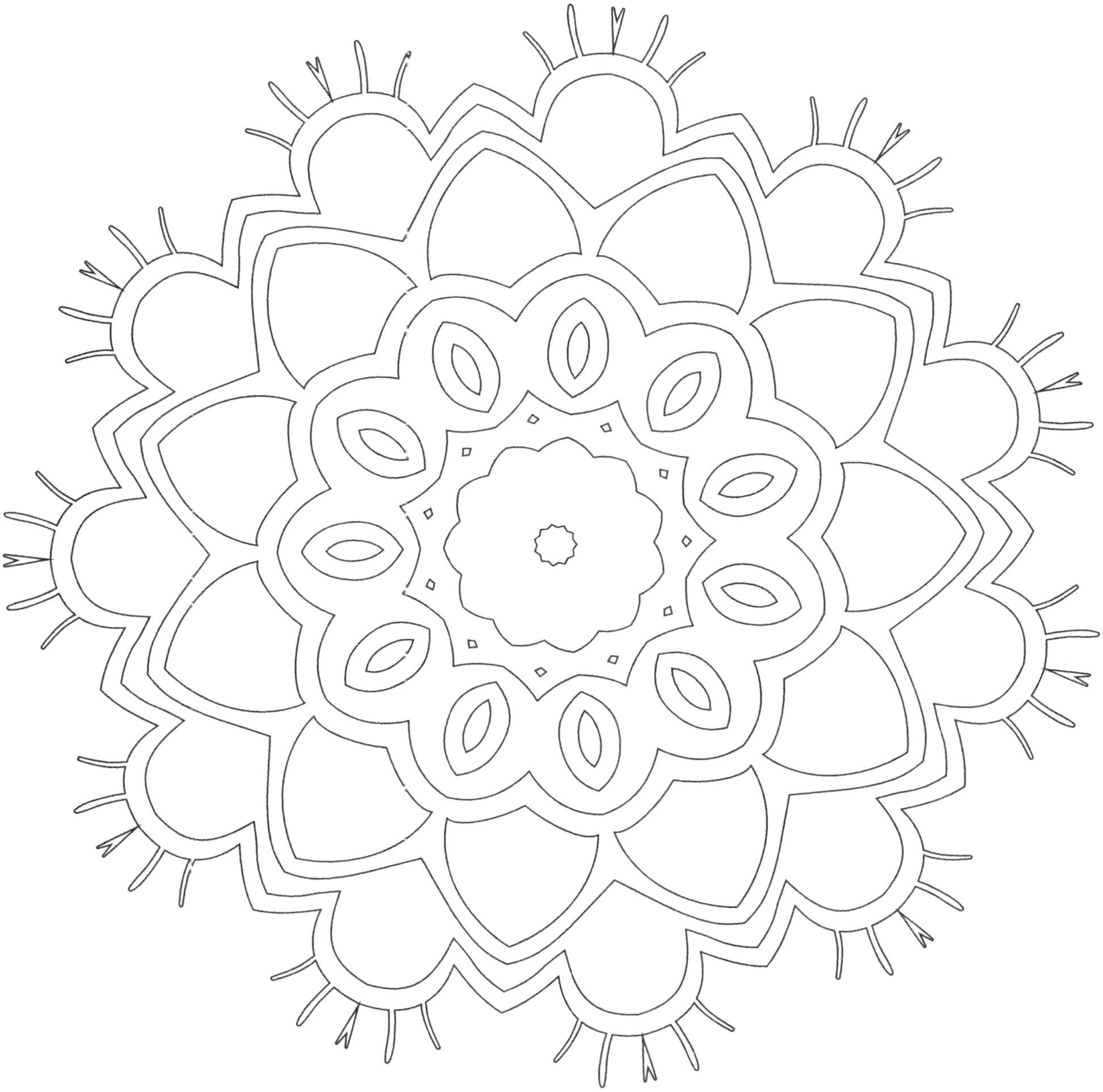

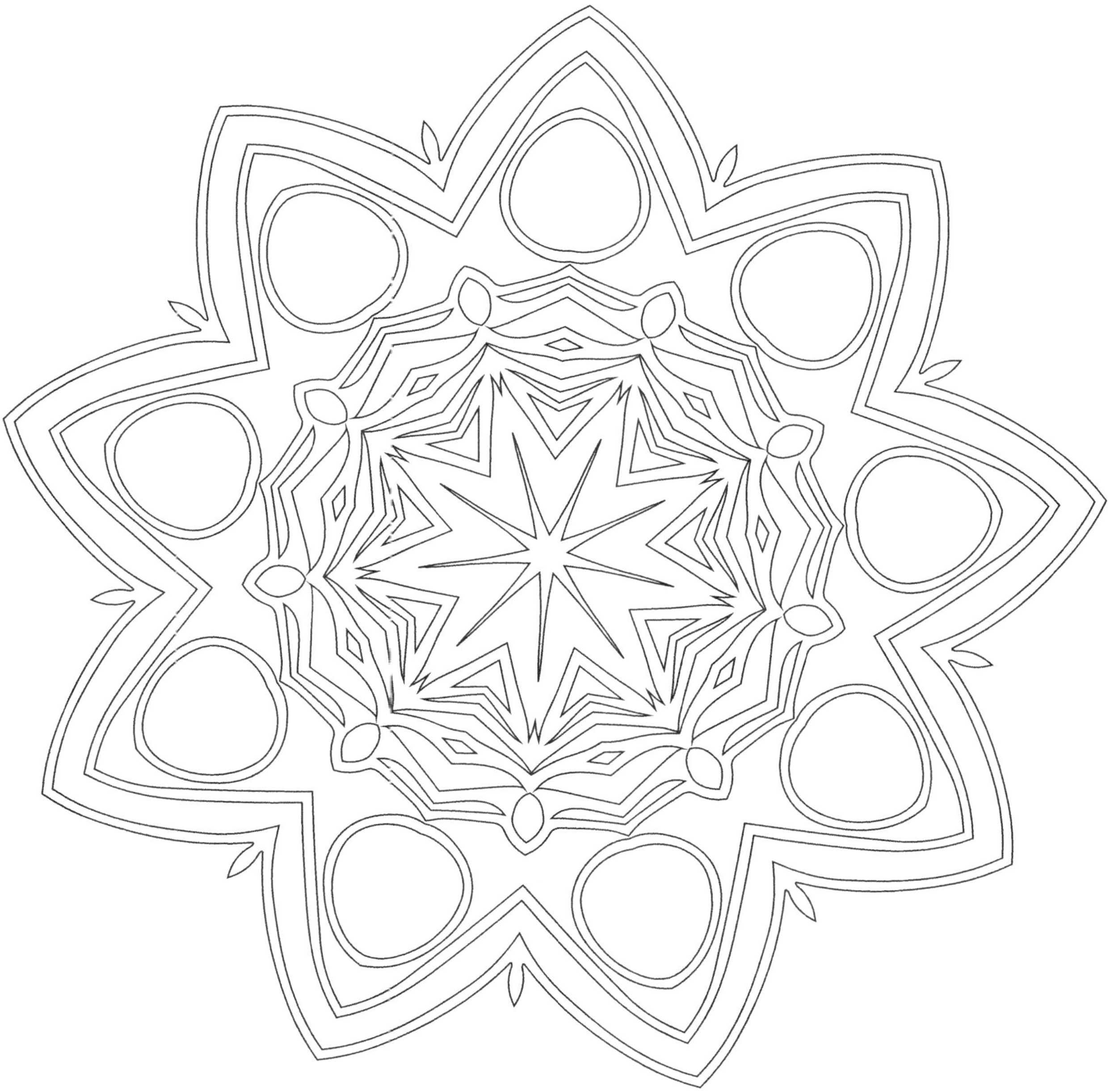

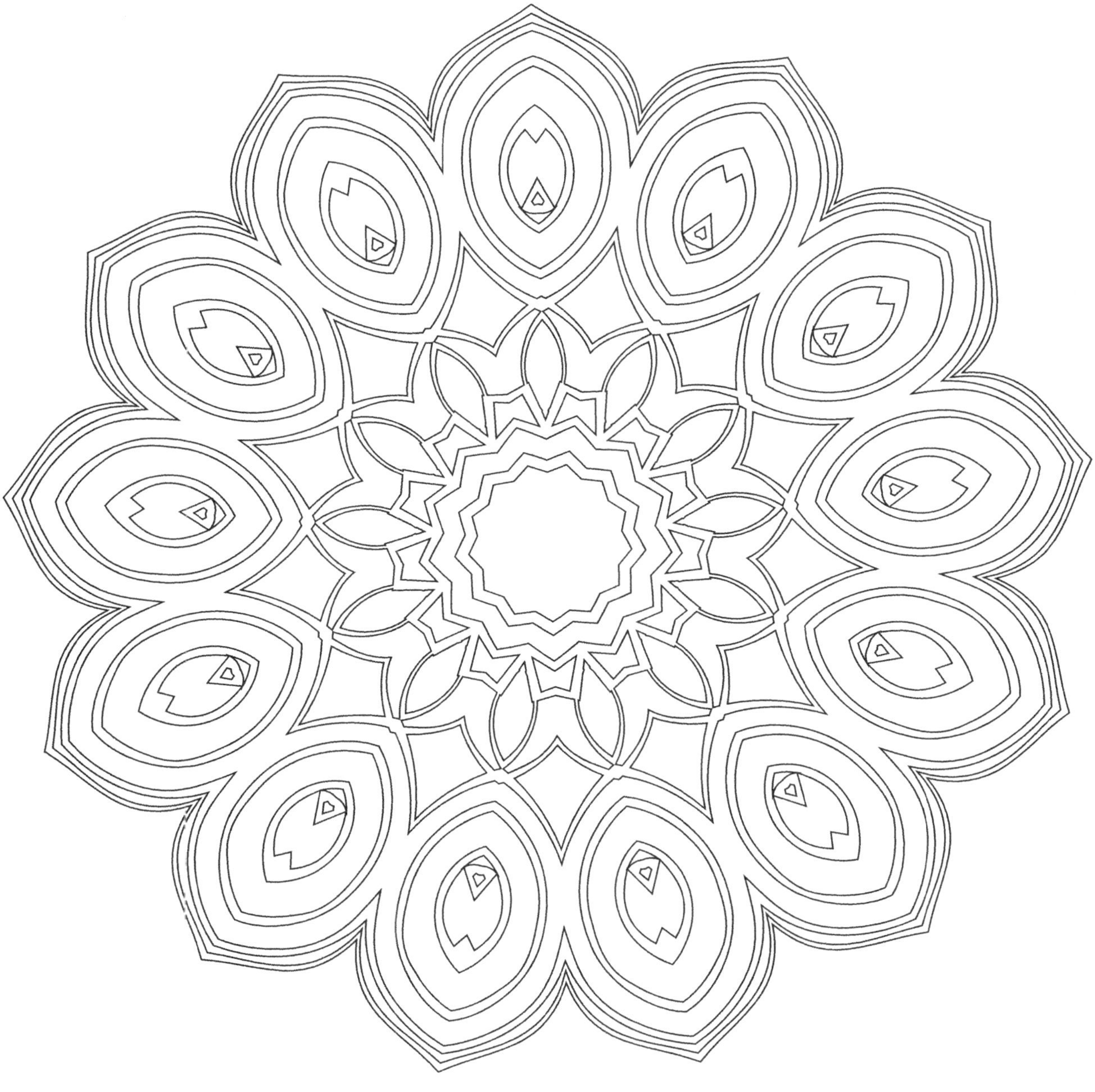

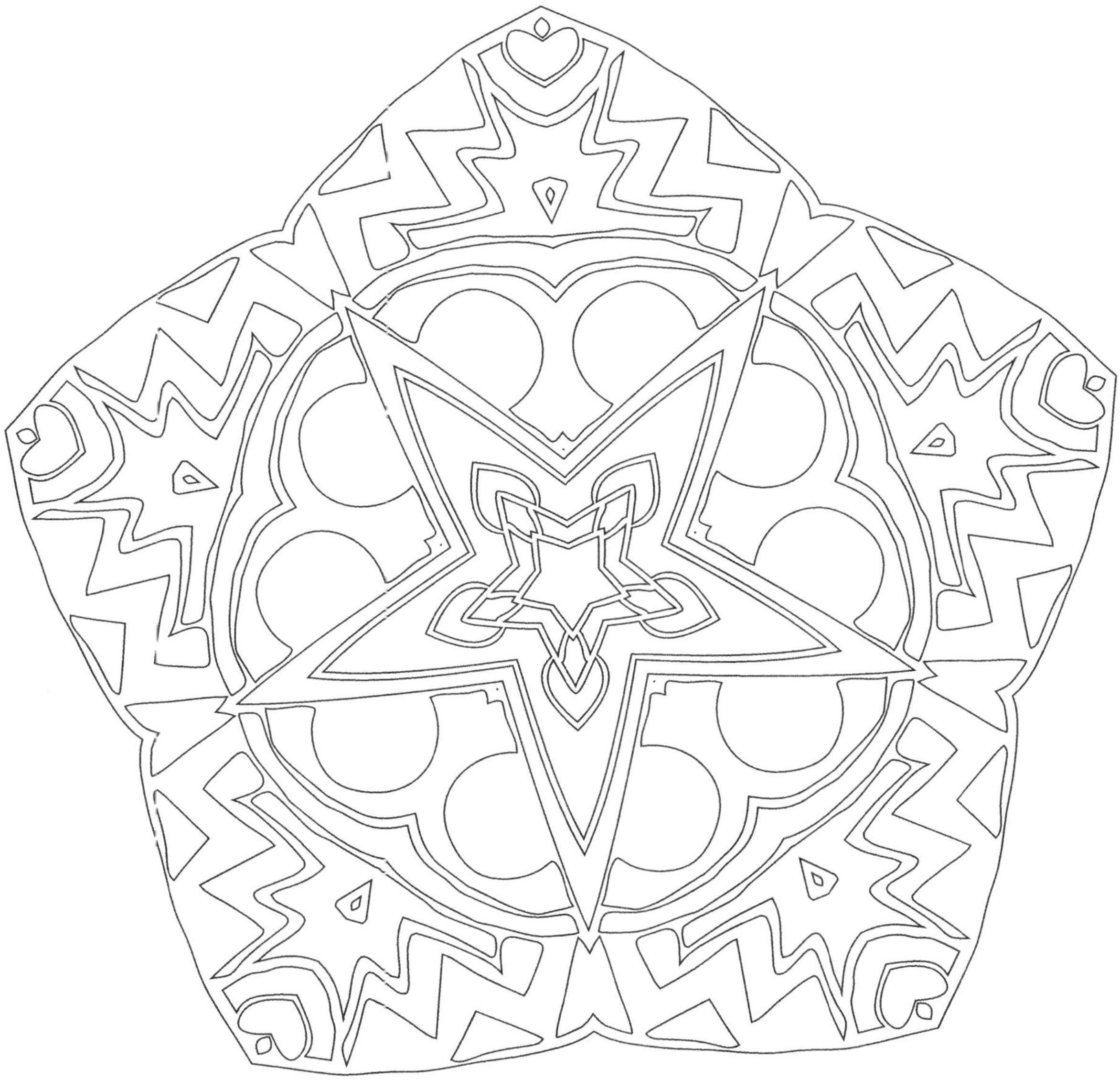

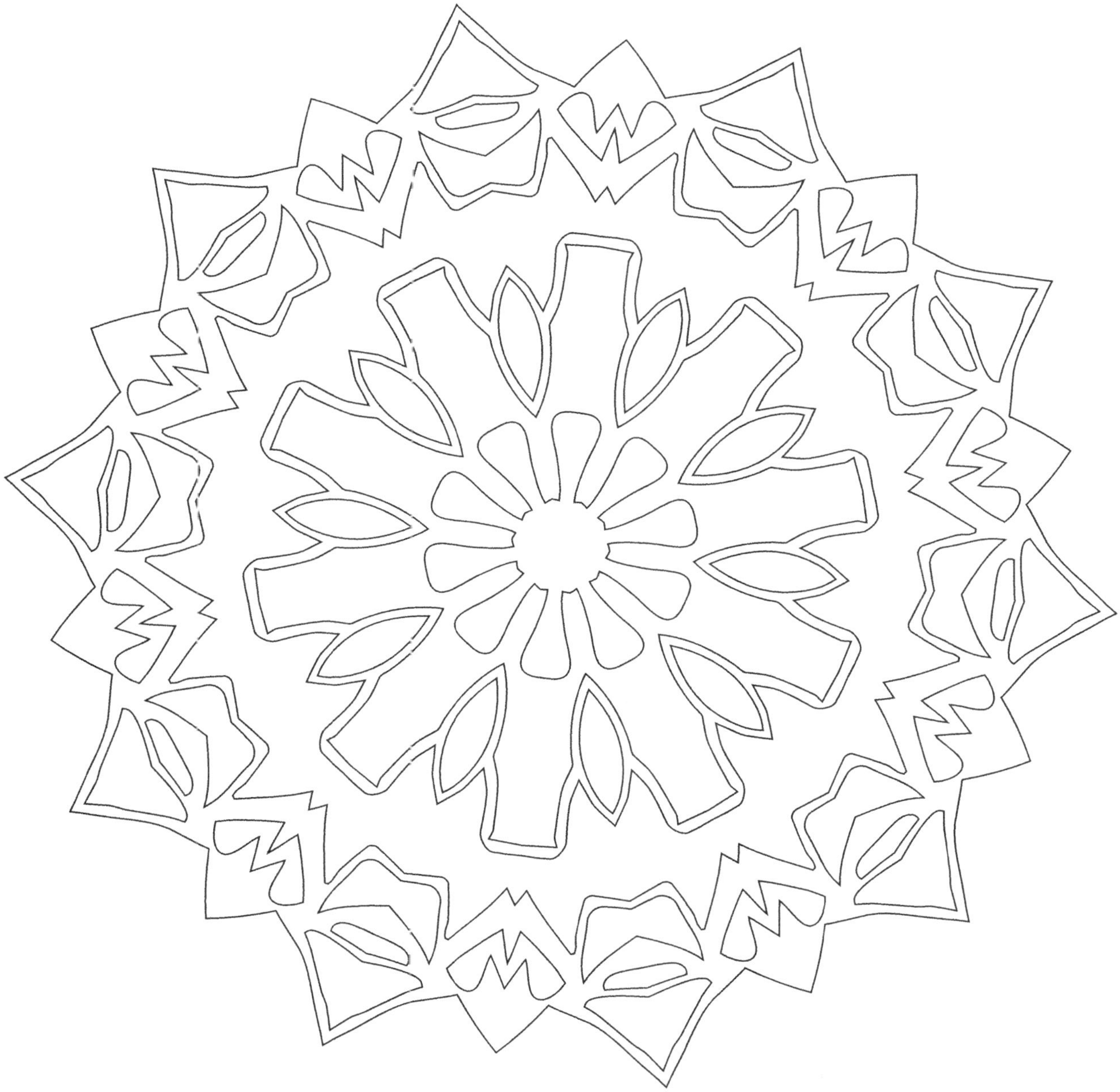

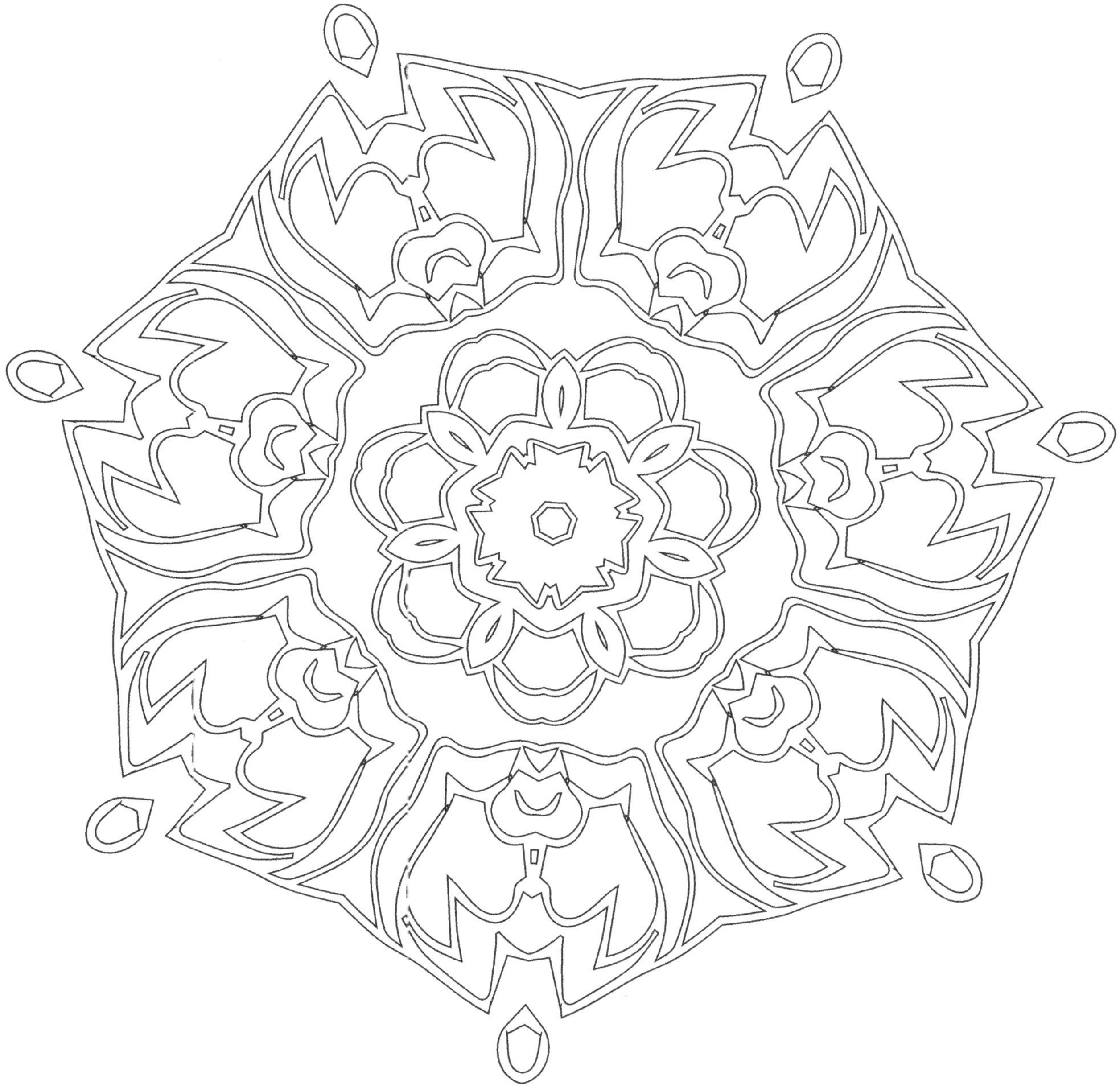

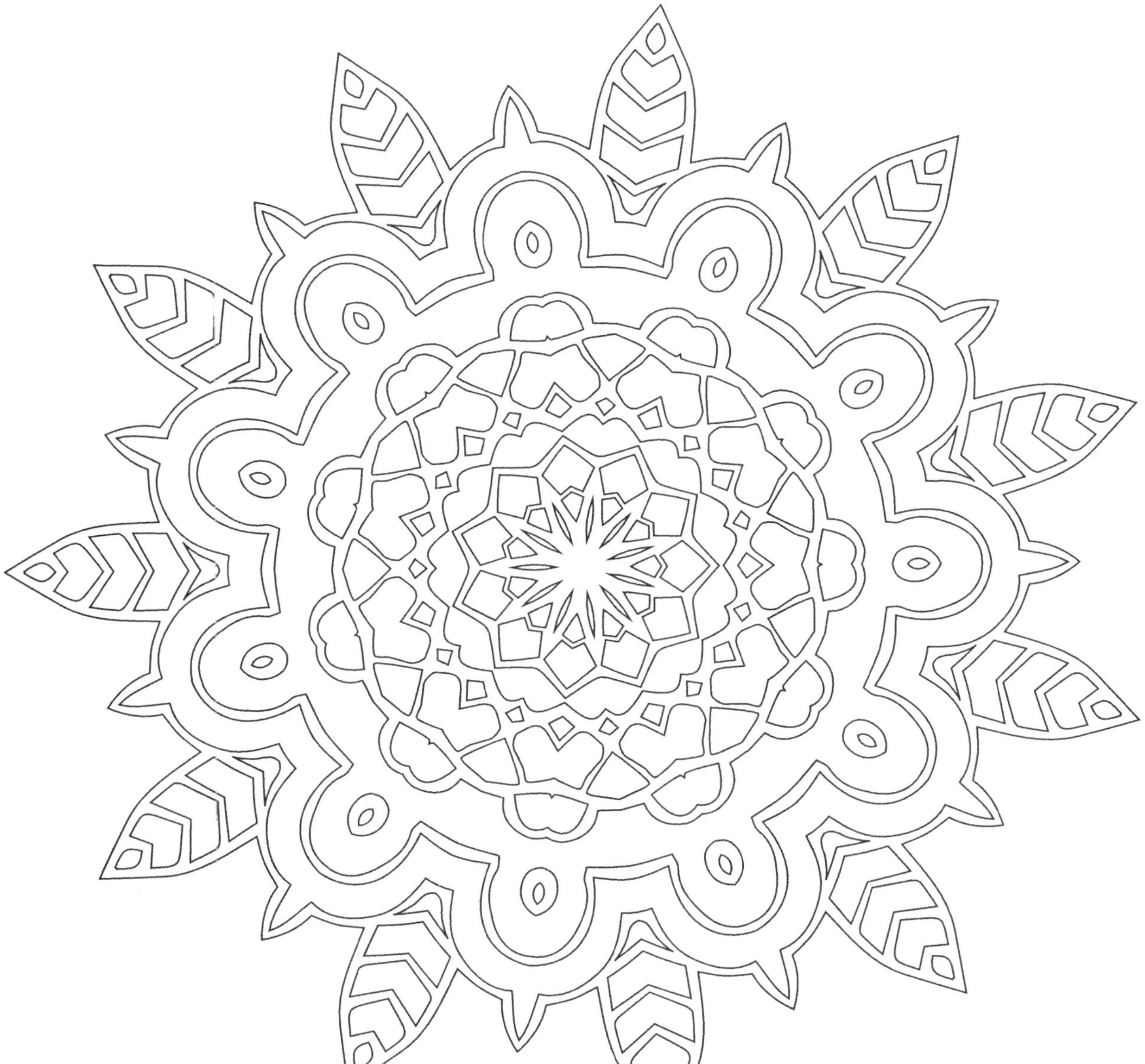

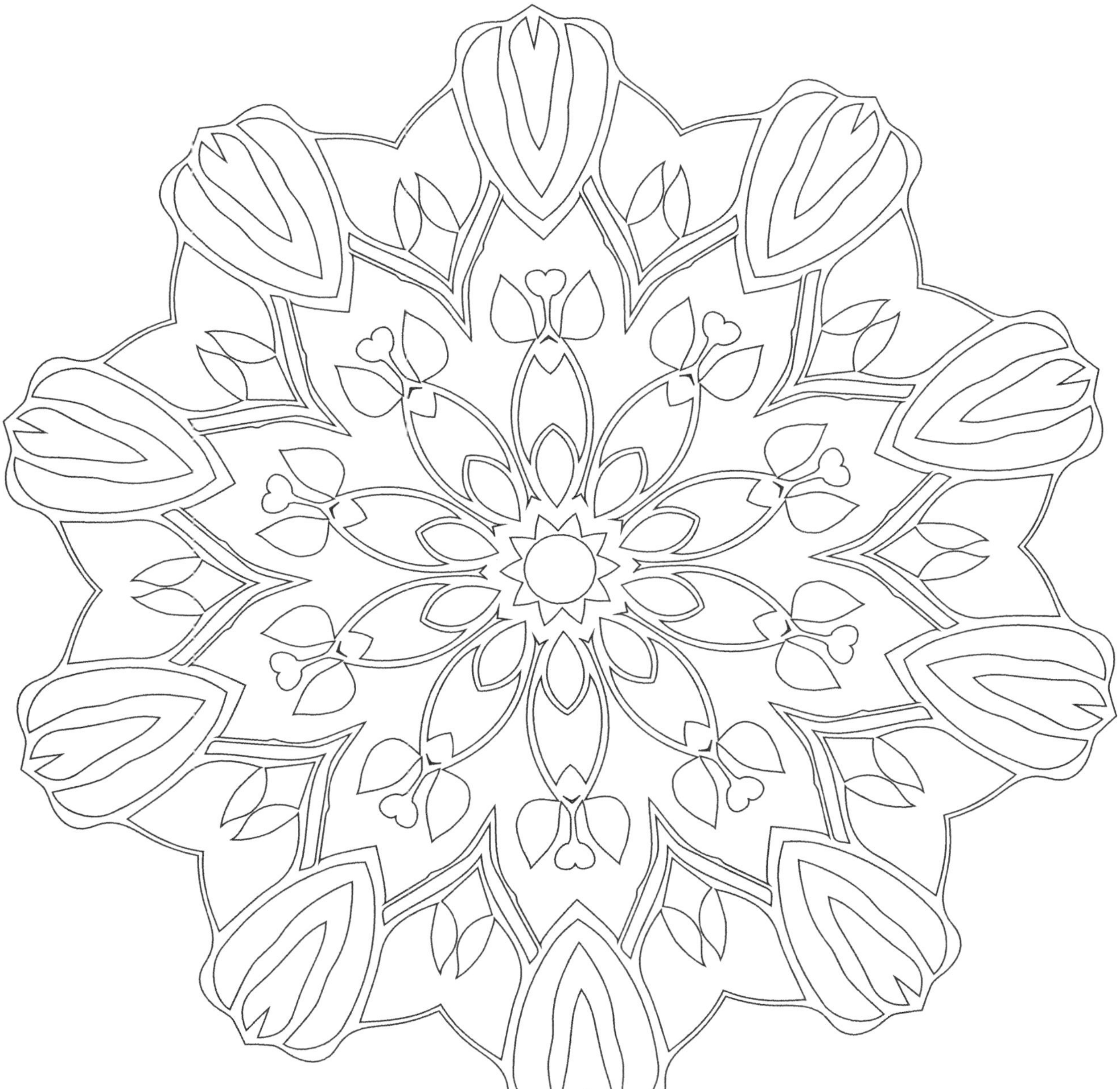

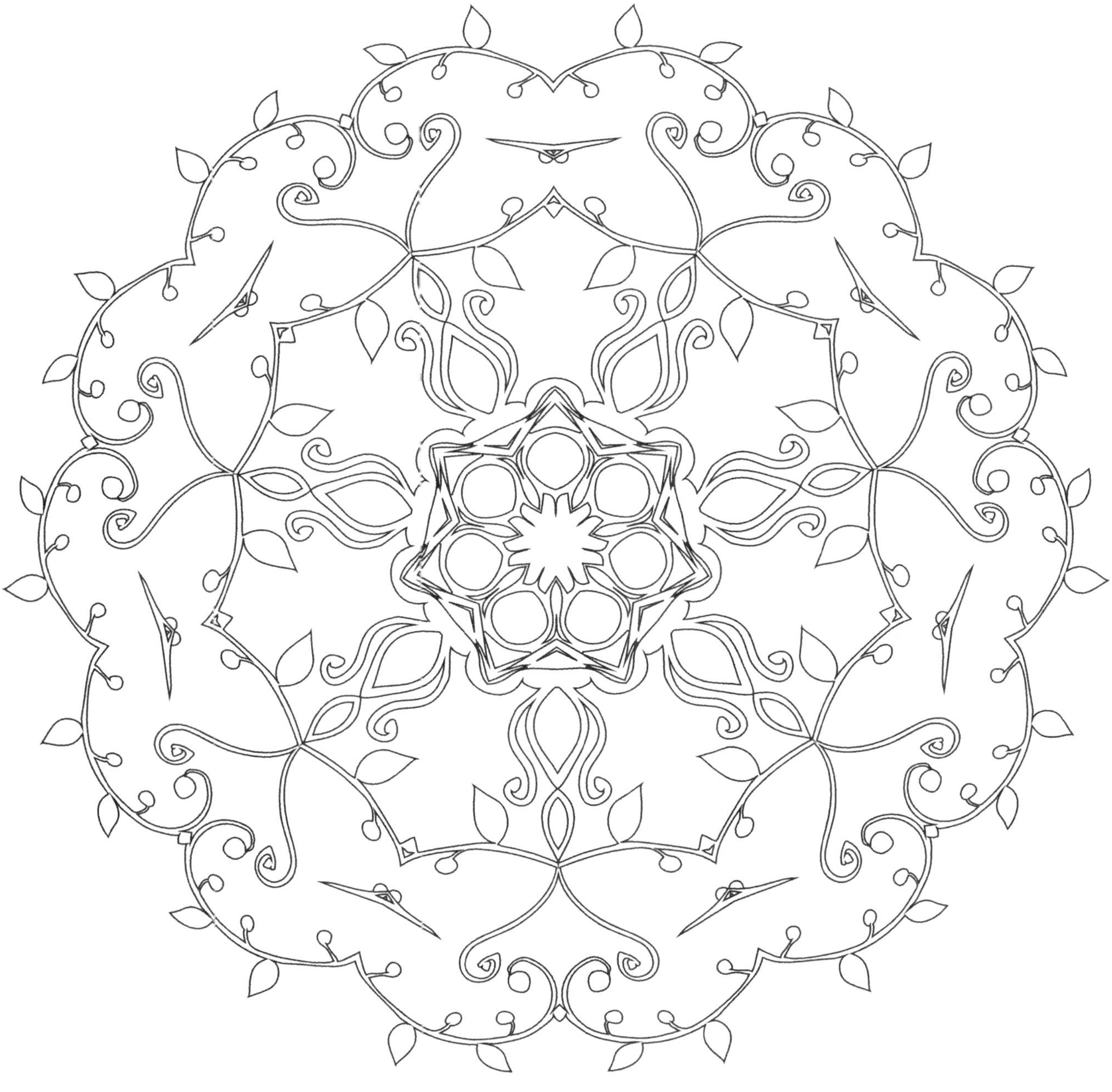

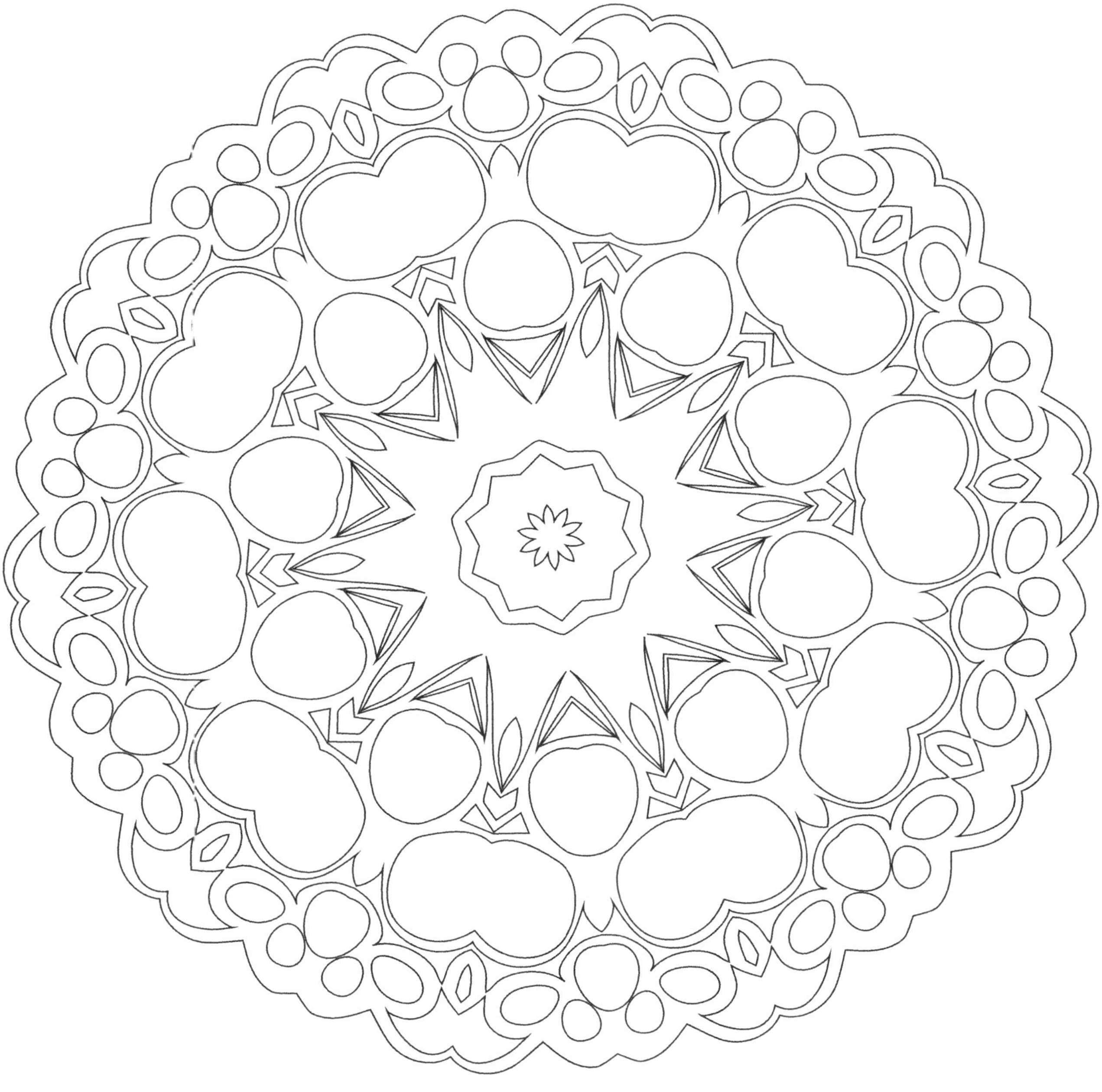

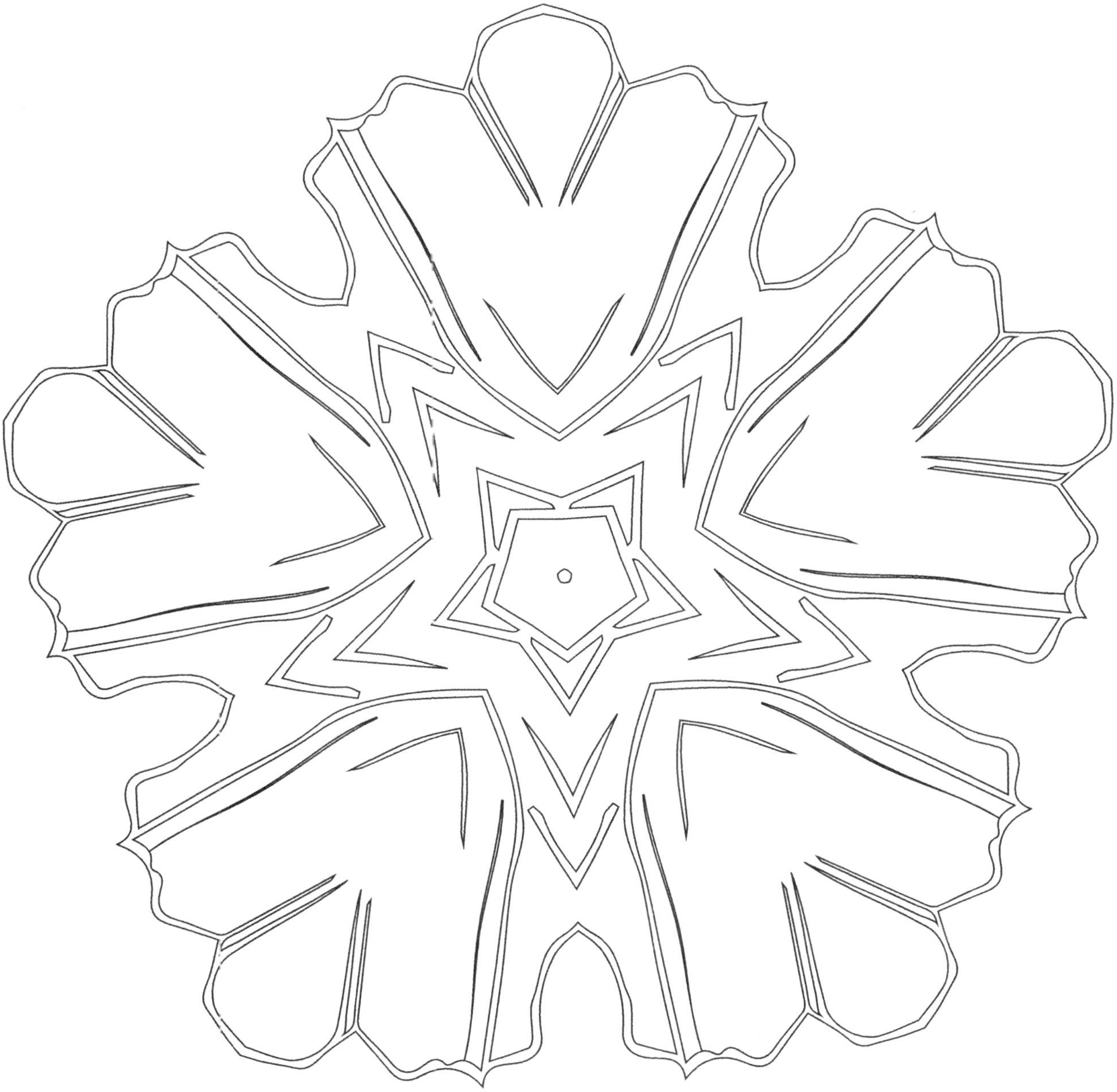

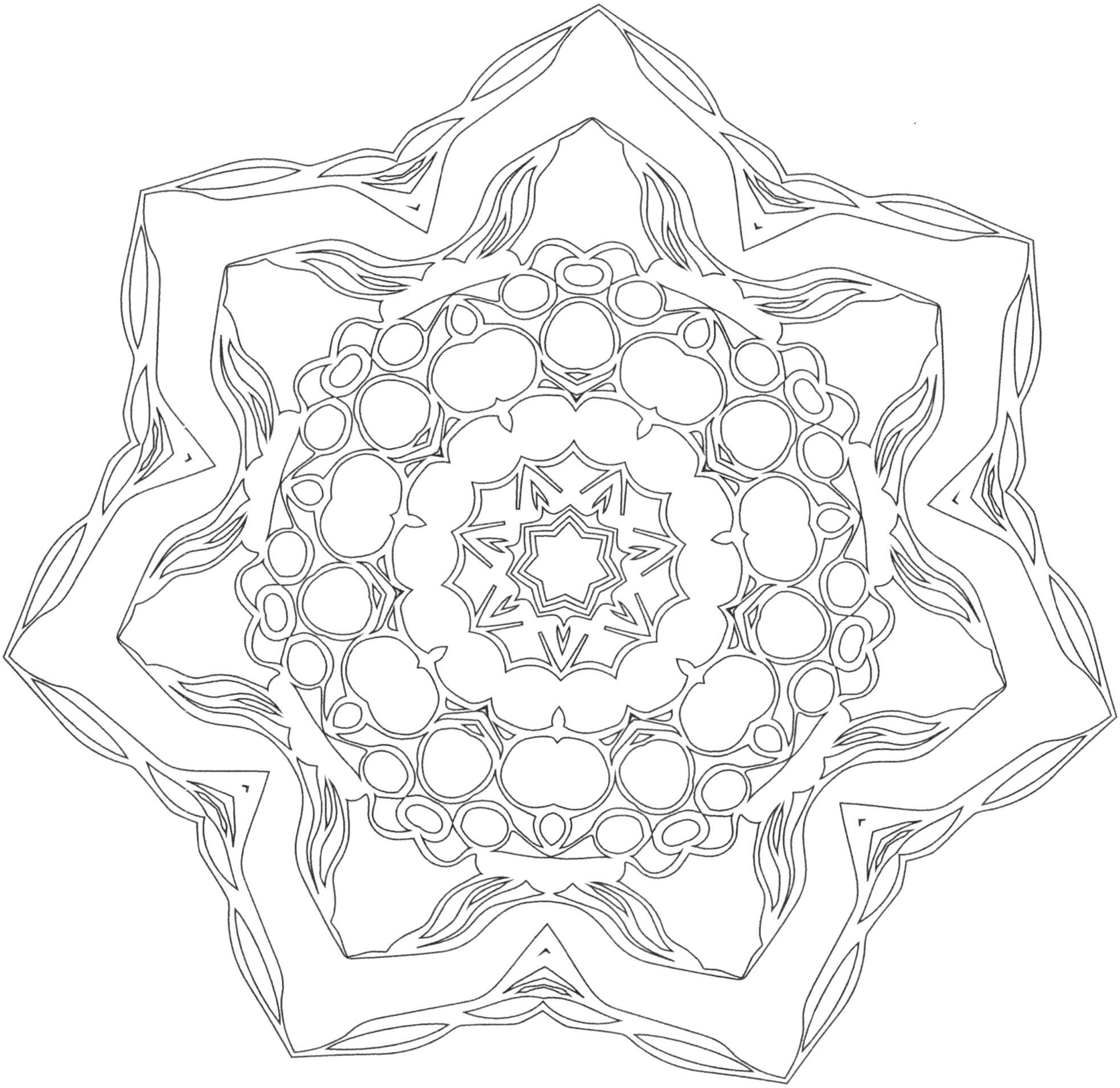

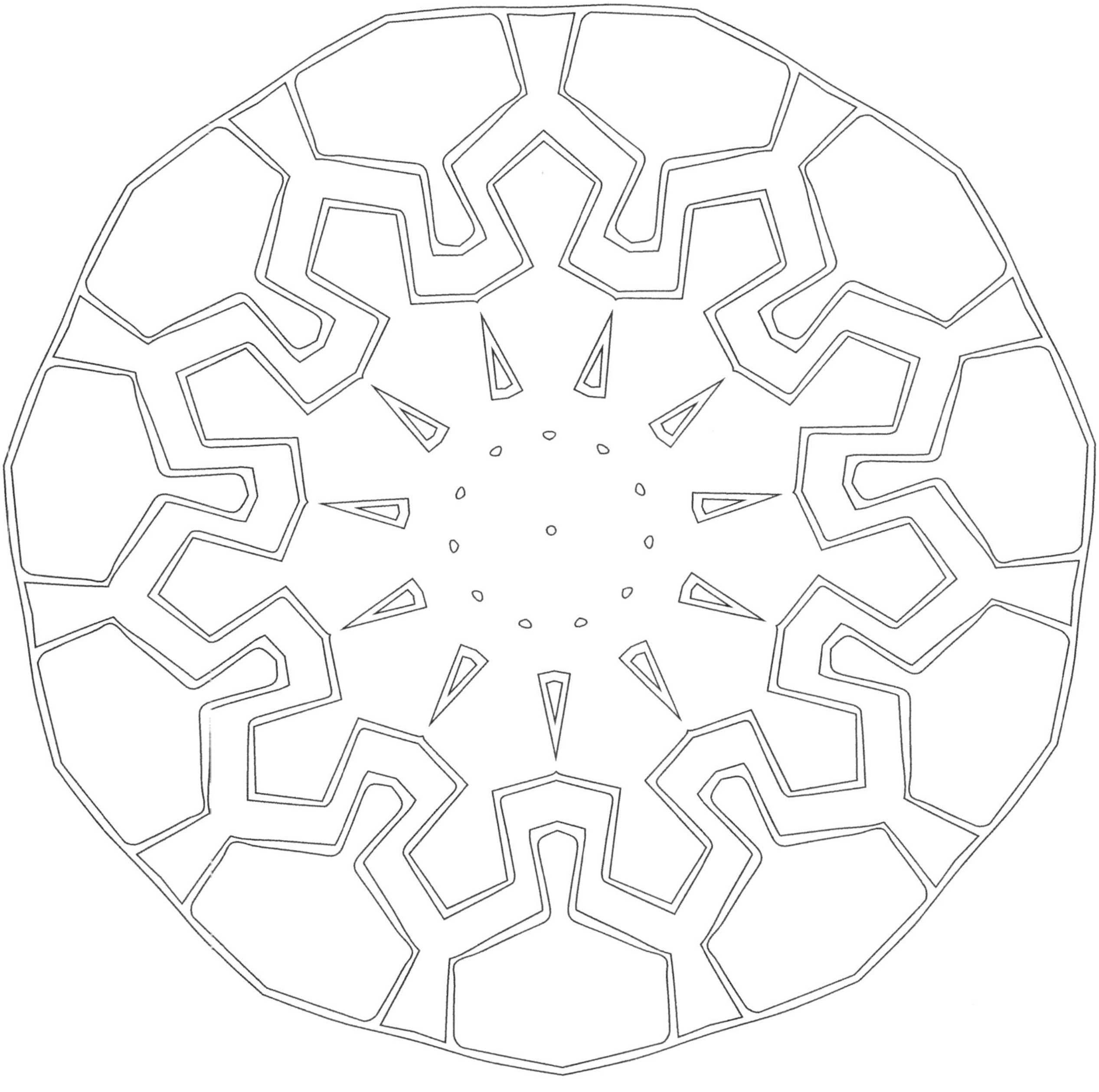

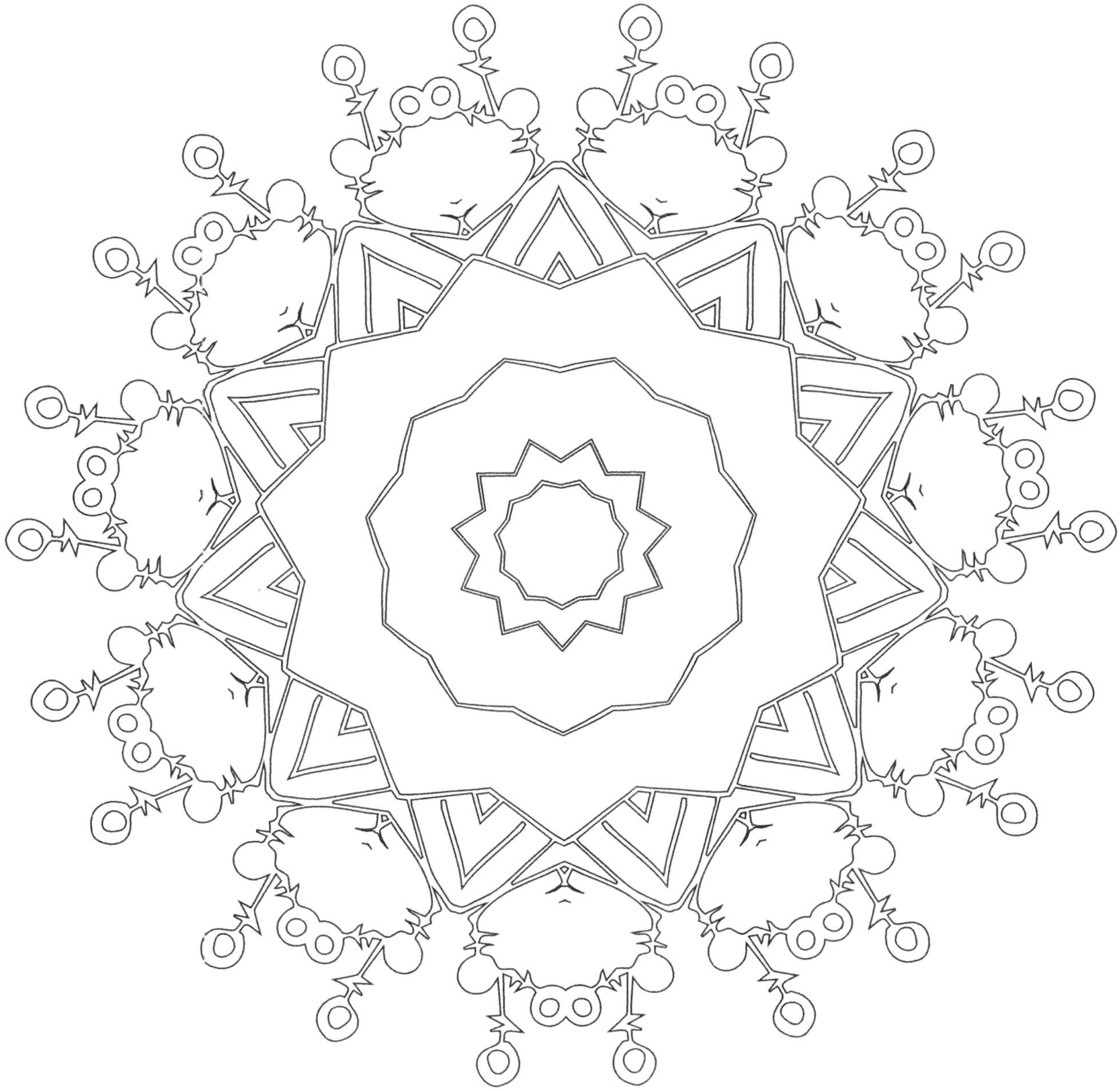

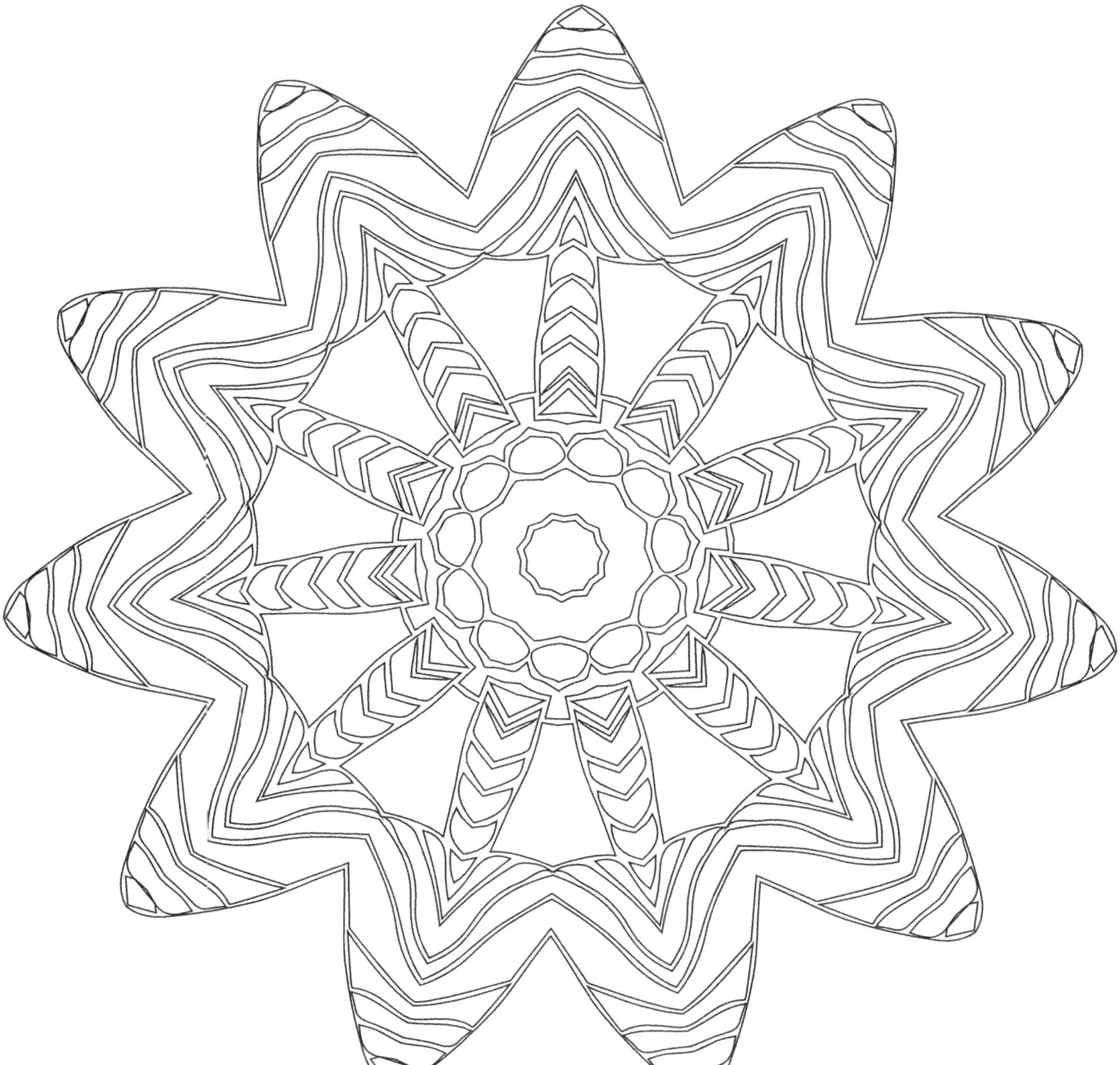

Made in the USA
Monee, IL
07 July 2026

56546037R00059